1001
citas y frases ingeniosas sobre
EL HOMBRE
Y LA MUJER

1001
citas y frases ingeniosas sobre
EL HOMBRE
Y LA MUJER

GREGORIO DOVAL

Colección: Citas célebres
www.nowtilus.com

Título: 1001 citas y frases ingeniosas sobre el Hombre y la Mujer
Autor: Gregorio Doval

Copyright de la presente edición: © 2007 Ediciones Nowtilus, S.L.
Doña Juana I de Castilla 44, 3º C, 28027 Madrid
www.nowtilus.com

Editor: Santos Rodríguez
Coordinador editorial: José Luis Torres Vitolas

Diseño y realización de cubiertas: Carlos Peydró
Maquetación: JLTV

Reservados todos los derechos. El contenido de esta obra está protegido por la Ley, que establece pena de prisión y/o multas, además de las correspondientes indemnizaciones por daños y perjuicios, para quienes reprodujeren, plagiaren, distribuyeren o comunicaren públicamente, en todo o en parte, una obra literaria, artística o científica, o su transformación, interpretación o ejecución artística fijada en cualquier tipo de soporte o comunicada a través de cualquier medio, sin la preceptiva autorización.

ISBN-13: 978-84-9763-493-9
Fecha de edición: Noviembre 2007

Printed in Spain
Imprime: GRAFO
Depósito legal: BI-8-08

ÍNDICE

1. LA MUJER 9
La mujer como esposa y como amante 46
La mujer como madre y como ama de casa 59
Coquetería y otras armas de mujer 66
Animal locuaz 87
Las mujeres entre sí 91

2. EL HOMBRE 97
El hombre como esposo y como amante 108

3. LO QUE NOS UNE Y LO QUE NOS SEPARA 123

4. LA GUERRA DE LOS SEXOS 133
Mujeres en pie de guerra 133
Los rescoldos del macho moribundo 151

5. EL TERCER SEXO 163

6. ÍNDICE DE LOS PRINCIPALES AUTORES 169

La Mujer

Las mujeres sienten pasión por las matemáticas. Dividen su edad por la mitad, doblan el precio de sus vestidos y siempre suman por lo menos cinco años a la edad de sus mejores amigas.
*Marcel Achard (1899-1974),
dramaturgo y guionista francés.*

Todo aquello que es público debería ser gratuito: la escuela, los transportes y las mujeres.
*Alphonse Allais (1855-1905),
escritor francés.*

La mujer es capaz de negar al Sol en pleno mediodía.
*Henri-Frédéric Amiel (1821-1881),
escritor y profesor suizo.*

Se entiende a las mujeres como se entiende el lenguaje de los pájaros: o por intuición o de ninguna manera.
Henri-Frédéric Amiel (1821-1881).

Las mujeres son como la sopa: no hay que dejarlas enfriar.
*Jean Anouilh (1910-1987),
dramaturgo francés.*

¿Por qué la Historia glorifica tanto a Adán, mientras, por otro lado, nos cuenta que en aquellos tiempos no existía más que una mujer?
Ardanuy (La Codorniz).

Soy la clase de mujer de la que huiría.
Margot Asquith (1864-1945), escritora inglesa.

Eva: Una doncella que se acuesta con el primer hombre que encuentra.
Roland Bacri.

La mujer es una criatura encantadora que se quita el corazón con la misma facilidad que los guantes.
Honoré de Balzac (1799-1850), escritor francés.

Toda mujer tiene su fortuna entre las piernas.
Honoré de Balzac (1799-1850).

Solo las buenas chicas escriben diarios. Las malas no tienen tiempo.
Tallulah Bankhead (1903-1968), actriz estadounidense.

El corazón de las mujeres se ve por los agujeros hechos a su amor propio.
J. A. Barbey d'Aurevilly (1808-1889), escritor francés.

La atracción por el vacío es lo que explica la seducción que ejercen las mujeres.
Natalie Clifford Barney

Sabes, no es verdad que la mujer fuera hecha a partir de la costilla del hombre; fue realmente hecha a partir del hueso de la risa del codo.
James Matthew Barrie (1860-1937), escritor escocés.

La mayoría de las mujeres seducidas por los hombres aspiran a casarse con ellos. Es una cruel venganza verdaderamente femenina.
Señor de Beaumanoir (1250-1296), jurista y escritor francés.

Una no nace mujer, se hace.
Simone de Beauvoir (1908-1986), escritora francesa.

Hay dos clases de mujeres: las que se comprometen y las que te comprometen.
Henri Becque (1837-1899), francés.

Las mujeres representan la mitad del cuerpo electoral. Visto de esta manera, el cuerpo electoral me excita.
Guy Bedos.

La fortuna no viene si una duerme... sola.
La Bella Otero, artista de variedades española.

La mujer: animal de lujo en las clases altas; animal de cría en la clase media; animal de cría, de trabajo y de carga, en las clases bajas.
Jacinto Benavente (1866-1954), dramaturgo español.

Las mujeres perdonan alguna vez al que las ha engañado; pero nunca al que no han podido engañar.
Jacinto Benavente (1866-1954).

Las mujeres valen mucho; como sexo es uno de los mejores que hay.
Henri Léon Gustave Bernstein (1876-1953), dramaturgo francés.

¡Brindo por la mujer! ¡Quién pudiera caer en sus brazos sin caer en sus manos!
Ambrose Bierce (1842-1914), escritor y periodista estadounidense.

La primera tendencia poderosa de la naturaleza femenina es querer enterarse de lo que está pasando. La segunda, dirigir lo que está pasando.
Josh Billings (1818-1885), humorista estadounidense.

Me hubiera gustado que Adán hubiera muerto con todas las costillas dentro de su cuerpo.
Dion Boucicault (1820-1890).

Las mujeres tienen gran destreza para ponernos una venda en los ojos y además nos riñen si tropezamos.
Paul Bourget (1852-1935), escritor y crítico francés.

Las mujeres tienen un modo celestial de no darse cuenta de las familiaridades que los hombres se permiten con ellas.
*Paul Bourget (1852-1935),
escritor y crítico francés.*

No vale la pena ser ingenioso con las mujeres, las hace reír mucho más que les hagan cosquillas.
Philiphe Bouvard.

La francesa, cuando es engañada, asesina a su rival; la italiana, prefiere matar a su infiel amante; la inglesa, simplemente rompe relaciones. Pero todas ellas se consuelan con otro hombre.
*Charles Boyer (1897-1978),
actor francés, establecido en Hollywood.*

Dios creó a Adán. Luego Ella corrigió su error.
Brooklyn Women's Bar Association.

Lo que más gusta a las mujeres son los pequeños detalles de los hombres, tales como un cochecito, un brillantito, una finquita de recreo, y otras menudencias.
*Pearl S. Buck (1892-1973),
escritora estadounidense.*

Cuanto más conozco a los hombres, menos los quiero; si pudiese decir otro tanto de las mujeres me iría mucho mejor.
*Lord Byron (1788-1824),
poeta inglés.*

Es fácil morir por una mujer; lo difícil es vivir con ella.
Lord Byron (1788-1824).

Venciste, mujer, con no dejarte vencer.
Pedro Calderón de la Barca (1600-1681), dramaturgo español.

Desde la edad de los seis años, la mujer no crece más que en dimensiones.
Severo Catalina (1832-1871), político y escritor español.

No hay carga más pesada que la mujer liviana.
Miguel de Cervantes (1547-1616), escritor español.

Hay que escoger entre amar a las mujeres o conocerlas: no hay término medio.
Nicholas Chamfort (1741-1794), escritor francés.

Las mujeres necesitamos la belleza para que los hombres nos amen, y la estupidez para que nosotras los amemos.
Coco Chanel (1883-1971), diseñadora de moda francesa.

Habrá políticos que mientan más y mejor que algunas mujeres, pero ninguno que lo haga más deprisa.
Malcolm de Chazal (1902-1981), escritor francés, originario de Isla Mauricio.

Es mejor para la salud tener a las mujeres en el recuerdo que sobre las rodillas.
*Maurice Chevalier (1889-1972),
cantante y actor francés.*

Toda mujer es del primero que sabe soñarla.
*Charles Chincholle (1843-1902),
escritor y periodista francés.*

A la larga, para defraudar a las mujeres basta, en general, con ser de cualquier manera.
Noel Clarasó (1905-1985), escritor español.

El hombre que a los veinte años no cree en la mujer, no tiene corazón; y el que sigue creyendo en ella a los cuarenta, no tiene entendimiento.
Noel Clarasó (1905-1985).

La mujer pública se distingue del hombre público en que los favores que hace la mujer son infinitamente más baratos.
Noel Clarasó (1905-1985).

Mujer ideal: la mujer que el hombre busca, hasta que se casa.
Noel Clarasó (1905-1985).

No se comprende cómo las mujeres no triunfan todas, no teniendo en casa, como no tienen, ninguna mujer que se lo impida.
Noel Clarasó (1905-1985).

Hay tres cosas que jamás he podido comprender: el flujo y reflujo de las mareas, el mecanismo social y la lógica femenina.
*Jean Cocteau (1889-1963),
escritor francés.*

Los pechos de las mujeres antes servían para alimentar a los bebés, ahora para alimentar a los productores de cine.
Jean Cocteau (1889-1963).

Ser una mujer seguirá siendo una tarea de enorme dificultad mientras consista principalmente en tratar con hombres.
*Joseph Conrad (1857-1924),
escritor inglés, de ascendencia polaca.*

La mujer nunca ve lo que hacemos por ella, solo ve lo que no hacemos.
*Georges Courteline (1858-1929),
novelista y comediógrafo francés.*

Cuando una mujer se equivoca conviene comenzar pidiéndole perdón.
*Francis Croisset (1877-1937),
comediógrafo francés.*

La fama de las mujeres se regula, como la de los médicos, por las visitas que tienen.
Ramón de la Cruz.

De todo lo que los poetas y los enamorados han dicho en alabanza de la mujer, solo es verdad una cosa: que alguien lo ha dicho.
León Daudí (1905-1985), escritor español.

Todas las mujeres que amamos se parecen a una mujer que no hemos conocido nunca.
León Daudí (1905-1985).

Hay dos sexos: el bello y el bueno.
Ovide Decroly (1871-1932), pedagogo, psicólogo y médico belga.

La mujer desbarata en un día lo que el hombre ha pensado en un año.
Demóstenes de Atenas (384-322 a. de C.), orador y estadista griego.

La vida de una mujer es como una montaña de dos laderas. Cuando se llega a la cumbre por una de ellas, lo más importante es saber descender por la otra.
Catherine Deneuve (1943), actriz francesa.

El pesimista es un hombre que cree que todas las mujeres son malas. El optimista es el que espera que lo sean.
Chauncey Depew.

La mujer dirá que no a las diez de la mañana y que sí a las cinco de la tarde sin que entretanto haya cambiado nada, solo la hora.
Dictionnaire des femmes (1961).

Jamás se debe lapidar a una mujer, como no sea con piedras preciosas.
Gabriel Domergue (1889-1962),
pintor francés.

El ser humano es una máquina tan complicada que a veces resulta incomprensible, sobre todo si este ser humano es una mujer.
Fiodor Dostoievski (1821-1881),
escritor ruso.

He preguntado a muchos una definición de la mujer y nadie ha sido capaz de dármela; lo pregunté al diablo y desvió la conversación; así evitó confesar su ignorancia.
Fiodor Dostoievski (1821-1881).

Tan solo el demonio sabe lo que es una mujer; yo no entiendo nada.
Fiodor Dostoievski (1821-1881).

Las mujeres son sorprendentes: o no piensan en nada o piensan en otra cosa.
Alejandro Dumas (1803-1870),
escritor francés.

—Entonces, ¿no hay mujeres honestas?
—Sí. Más de las que se cree, pero no tantas como se dice.

Alejandro Dumas hijo (1824-1895),
escritor francés.

La mujer, según la Biblia, es la última cosa que hizo Dios. Debió crearla el sábado por la tarde; se nota la fatiga.

Alejandro Dumas hijo (1824-1895).

En ningún momento he dudado de que las mujeres son tontas. Al fin y al cabo, el Todopoderoso las creó a imagen y semejanza de los hombres.

George Eliot [Mary Ann Evans Cross] (1819-1880),
escritora inglesa.

La mujer es como un queso gruyer: sin sus agujeros no sería nada.

Bernard Emmanuel.

Hay una diferencia entre la belleza y el encanto. Una mujer bella es la que yo observo. Una mujer encantadora es la que me observa a mí.

John Erskine (1879-1951),
novelista estadounidense.

He aquí el mejor consejo para un hombre razonable: no creas nunca a una mujer, aunque te diga la verdad.

Eurípides de Salamina (484-406 a. de C.),
dramaturgo griego.

Tú encontrarás muchas excusas porque eres mujer.
> *Eurípides de Salamina (484-406 a. de C.).*

Ni la propia mujer sabe casi nunca si miente o no.
> *Fagus [Georges Philippe Fayet] (1872-1933),*
> *poeta y ensayista francés.*

Las mujeres me causan el mismo efecto que los elefantes: me gusta mirarlas, pero no querría tener ninguna en mi casa.
> *Wayne C. Fields (1880-1946),*
> *cineasta estadounidense.*

La opinión del mundo que tiene una mujer depende, en la mayoría de los casos, de que el mundo la mire o no.
> *Fliegende Blätter*
> *(semanario humorístico alemán).*

Hay tres cosas que siempre he amado y nunca he comprendido: la pintura, la música y las mujeres.
> *Bernard le Bouvier de Fontenelle (1657-1757),*
> *escritor francés.*

La mayor parte de las mujeres prefiere que se hable mal de su virtud más que de su encanto y de su belleza.
> *Bernard le Bouvier de Fontenelle (1657-1757).*

Una mujer sin pecho es una cama sin almohada.
> *Anatole France (1844-1924),*
> *escritor y crítico francés.*

Tanto la mujer varía que es loco el que en ella fía.
*Francisco I (1494-1547),
rey de Francia.*

La gran pregunta que nunca ha sido contestada y a la cual todavía no he podido responder, a pesar de mis treinta años de investigación del alma femenina, es: ¿qué quiere la mujer?
*Sigmund Freud (1856-1939),
psicólogo austriaco fundador del psicoanálisis.*

Una madre gasta veinte años en hacer un hombre de un niño, y otra mujer hace un tonto de él en veinte minutos.
*Robert Lee Frost (1875-1963),
poeta estadounidense.*

Con los presentes de los hombres, la mujer se hace un porvenir.
*Zsa Zsa Gabor (1923),
actriz estadounidense, de origen húngaro.*

Se dice que las mujeres son vanidosas por naturaleza; es cierto, pero les queda bien y por eso mismo nos agradan más.
*Johann Wolfgang Goethe (1749-1832),
escritor alemán.*

Si falla la diplomacia, recurrid a la mujer.
*Carlo Goldoni (1707-1793),
dramaturgo italiano.*

Menos mal te hará un hombre que te persiga que una mujer que te siga.
*Baltasar Gracián (1601-1658),
jesuita y escritor español.*

Pleonasmo: una mujer insatisfecha.
*Jean Grenier (1898-1971),
escritor francés.*

Cuando hablan de una mujer cultivada, yo me la imagino con una escarola entre las piernas y perejil en las orejas.
*Sacha Guitry (1885-1957),
dramaturgo y actor ruso nacionalizado francés.*

Flirtear es el arte de hacer caer a una mujer en tus brazos sin caer tú en sus manos.
Sacha Guitry (1885-1957).

Si la mujer fuera buena, Dios tendría una.
Sacha Guitry (1885-1957).

Las mujeres olvidan las injurias, pero nunca los desdenes.
*Thomas Chandler Haliburton (1796-1865),
humorista canadiense.*

La única manera de entender a una mujer es quererla... y entonces, no es necesario entenderla.
*Sidney Harris (1917-1986),
periodista y escritor anglo-estadounidense.*

Sus expresiones son generalmente como las cartas de las mujeres: todo el meollo está en la postdata.
*William Hazlitt (1773-1830),
ensayista y crítico inglés.*

Hay tres cosas tras las que no compensa correr: un autobús, una mujer o una panacea económica; si esperas un poco, pronto llegarán otros.
Derrick Heatthcote-Amory.

Parece la Venus de Milo: es muy vieja, no tiene dientes y tiene manchas blancas en su piel amarilla.
*Heinrich Heine (1797-1856),
poeta y crítico alemán.*

Da diez buenos consejos a una mujer y ella seguirá el undécimo.
H. Helmoldt, escritor alemán.

Fuera de cada chica delgada hay un hombre gordo tratando de entrar.
*Katharine Hepburn (1909-2003),
actriz estadounidense.*

La opinión de una mujer es más limpia que la de un hombre: la cambia más a menudo.
*Oliver Herford (1863-1935),
escritor e ilustrador estadounidense.*

Las mujeres nunca siguen los malos consejos: los preceden.

Abel Hermant.

No digo que un vestido deba estar pegado al cuerpo, pero sí creo que, cuando una mujer se mete dentro de un vestido, debe uno saber aunque sea vagamente dónde está.

*Bob Hope (1903-2003),
actor cómico estadounidense.*

Una de las tareas más difíciles del mundo es convencer a las mujeres de que las gangas cuestan dinero.

*Edgar Watson Howe (1853-1937),
escritor y periodista estadounidense.*

A las mujeres les gusta sobre todo salvar a quien las pierde.

*Víctor Hugo (1802-1885),
escritor francés.*

Las mujeres prefieren a hombres que tienen algo que ofrecerlas, especialmente algo de índole legal.

Kay Ingram.

Mujer hermosa no espero encontrar sin tacha humana; Eva tuvo su manzana, las demás tienen su pero.

*Tomás de Iriarte (1750-1791),
fabulista español.*

Una mujer incomprendida es una mujer que no comprende a los demás.
Isabel de Rumania [Carmen Sylva] (1843-1916), reina de Rumanía.

¿Quién dijo que cuesta más vestir a una mujer que desnudarla?
Enrique Jardiel Poncela (1901-1952), escritor español.

El secreto del alma de las mujeres consiste en carecer de ella en absoluto.
Enrique Jardiel Poncela (1901-1952).

En la mujer, las lágrimas son el vermut del amor.
Enrique Jardiel Poncela (1901-1952).

Es más fácil detener un tren que detener a una mujer cuando ambos están decididos a descarrilar.
Enrique Jardiel Poncela (1901-1952).

Esperar generosidad de la mujer es como esperar el paso de un expreso en el desierto del Sahara.
Enrique Jardiel Poncela (1901-1952).

Hace años se me antojaba una monstruosidad el que la Iglesia hubiera vivido siglos enteros sin reconocer la existencia del alma femenina. En la actualidad, opino que la Iglesia tenía razón y que

reconoció la existencia del alma en la mujer demasiado pronto.
Enrique Jardiel Poncela (1901-1952).

La mujer gorda no se diferencia de un hipopótamo sino en que se baña menos.
Enrique Jardiel Poncela (1901-1952).

La mujer que ante las maniobras de un seductor no dice esta boca es mía, es porque está pensando «esta boca es tuya».
Enrique Jardiel Poncela (1901-1952).

La música que más extasía a las mujeres es la ejecutada con las trompas de Falopio.
Enrique Jardiel Poncela (1901-1952).

Las mujeres, como las espadas, cuando más respeto inspiran es cuando están desnudas.
Enrique Jardiel Poncela (1901-1952).

Los senos de las mujeres son la única persistencia del hombre; los coge al nacer y ya no los suelta hasta morir de viejo.
Enrique Jardiel Poncela (1901-1952).

Por buena que sea una mujer y por malos que sean unos prismáticos, siempre se ven las cosas más claras con la ayuda de unos prismáticos que con la ayuda de una mujer.
Enrique Jardiel Poncela (1901-1952).

Señorita: no tocar, peligro de boda.
Enrique Jardiel Poncela (1901-1952).

Si queréis que una mujer caiga, quitadla el sostén.
Enrique Jardiel Poncela (1901-1952).

¡Oh, la desesperación de Pigmalión, que habría podido crear una estatua y que solo hizo una mujer!
*Alfred Jarry (1873-1907),
escritor y ensayista francés.*

En la mujer todo es corazón, hasta la cabeza.
*Jean Paul [Johann Paul Friedrich Richter] (1763-1825),
poeta alemán.*

Queredlas cual las hacéis o hacedlas cual las queréis.
*Sor Juana Inés de la Cruz (1651-1694),
religiosa y poetisa mística mexicana.*

Las mujeres lo adivinan todo; solo se equivocan cuando reflexionan.
Alphonse Karr (1808-1890), novelista francés.

Hay dos clases de mujeres: aquellas que quieren poder en el mundo y aquellas que quieren poder en la cama.
*Jacqueline Kennedy (Onassis) (1929-1994),
esposa de J. F. Kennedy y A. Onassis.*

La mujer no se siente con poder hasta que abusa de él.
N. E. Restif de La Bretonne (1734-1806),
escritor francés.

La historia de una mujer es siempre una novela.
Pierre C. N. de La Chaussee (1692-1754),
poeta dramático francés.

Hay pocas mujeres decentes que no estén cansadas de su oficio.
François de La Rochefoucauld (1613-1680),
escritor moralista francés.

Bailar con ella fue como mover un piano.
Ring W. Lardner (1885-1933),
periodista y escritor estadounidense.

Bienaventurado aquel a quien la mujer dice «no quiero», porque este, al menos, oye la verdad.
Mariano José de Larra (1809-1839),
periodista y escritor español.

Ser mujer es de especial interés solo para el aspirante a transexual. Para las mujeres actuales, es simplemente una buena excusa para no jugar al fútbol.
Fran Lebowitz (1946),
escritor satírico estadounidense.

Una mujer llega a la convicción de que es amada, más por lo que adivina, que por lo que le dicen.
Ninon de Lenclos (1620-1705), cortesana francesa.

Las mujeres deberían ser golpeadas regularmente. Como los gongs.
Ninon de Lenclos (1620-1705).

Respecto a las mujeres, confieso que perdí ya dos virtudes teologales: la fe y la esperanza. Queda el amor, es decir, la tercera virtud, de la cual no puedo prescindir, pese a que ya no crea ni espere nada.
Giacomo Leopardi (1798-1837), escritor italiano.

Una de las hermanas tomó los hábitos; la otra, la bragueta.
Georg C. Lichtenberg (1742-1799), escritor y científico alemán.

Ninguna mujer se ha perdido nunca sin que la ayudase algún hombre.
Abraham Lincoln (1809-1865), estadista estadounidense.

¡Necio quien dellas se fía, discreto quien las alaba!
Félix Lope de Vega (1562-1635), escritor español.

La mujer es un mar fatal para los náufragos.
*François de Malherbe (1555-1628),
escritor francés.*

La mujer es como la alcachofa. Tienes que trabajar mucho para poder llegar a su corazón.
*Steve Martin (1945),
actor cómico estadounidense.*

Cualquiera que diga que para él las mujeres son transparentes se está perdiendo un montón de cosas.
*Groucho Marx (1895-1977),
actor, humorista y escritor estadounidense.*

Las mujeres son muy útiles, sobre todo por la noche y, con frecuencia, durante el día.
Groucho Marx (1895-1977).

Recuerde señor que estamos luchando por el honor de esta mujer probablemente mucho más de lo que ella nunca hizo.
Groucho Marx (1895-1977).

Las ideas son como las mujeres. Cuesta menos alimentar a diez que vestir a una sola.
*Paul Masson (1882-1956),
filósofo francés.*

Las mujeres son como los caballos: hay que hablarles antes de ponerles las bridas.
*André Maurois (1885-1967),
escritor francés.*

En una cosa al menos están de acuerdo los hombres y las mujeres: ambos desconfían de las mujeres.
*Henry-Louis Mencken (1880-1956),
escritor y editor estadounidense.*

También me fascinan las mujeres falsas, que mienten y me toman por tonto.
*Henry Miller (1891-1980),
escritor estadounidense.*

En la vida de cualquier hombre, aunque sea calvo, hay una Dalila.
*Jacinto Miquelarena (1891-1962),
escritor español.*

Los mejores amigos de las mujeres son los diamantes.
*Marilyn Monroe (1926-1962),
actriz estadounidense.*

Discutir con una mujer es como intentar leer el periódico en pleno huracán.
*Nicholas Monsarrat (1910-1979),
escritor inglés.*

Las mujeres enrojecen cuando se habla de cosas que temen no poder hacer nunca.
Michel de Montaigne (1533-1592),
filósofo francés.

La mujer peca con un enano y se siente muy poco arrepentida porque lo considera un pecado pequeño.
Giovanni Mosca (1908-1983),
escritor, periodista y dibujante italiano.

La mujer es como una sombra: no podrás atraparla, pero tampoco huir de ella.
Alfred de Musset (1810-1857),
poeta francés.

Una mujer lo perdona todo, excepto que no queramos nada de ella.
Alfred de Musset (1810-1857).

Las batallas contra las mujeres son las únicas que se ganan huyendo.
Napoleón Bonaparte (1769-1821),
emperador francés.

Las mujeres son siempre mucho mejores o mucho peores que los hombres.
Napoleón Bonaparte (1769-1821).

La mujer es el segundo error de Dios.
Friedrich Nietzsche (1844-1900),
filósofo alemán.

Si no existieran las mujeres, no tendría sentido todo el dinero que hay en el mundo.
Aristóteles Onassis (1906-1975),
magnate griego.

La mujer fue hecha a partir de las costillas del hombre, que, como te confirmará cualquier carnicero, no es el mejor corte.
Robert Orben (1927).

La mujer siempre está comprando algo.
Publio Ovidio (43 a.C.-17),
poeta romano.

Otorguen o rehúsen, las mujeres se complacen en ser solicitadas.
Publio Ovidio (43 a.C.-17).

Muchas mujeres son como las banderitas: se detienen solo cuando se arrugan.
Lea Padovani.

Las mujeres, como los sueños, no son nunca como las has imaginado.
Luigi Pirandello (1867-1936),
escritor italiano.

En el mejor de los casos, la mujer es algo contradictorio.
Alexander Pope (1688-1744),
poeta inglés.

Las mujeres manejan a sus hombres como los buenos jugadores de ajedrez a sus peones: no tocan a uno sin tener la vista fija en otro que pueda dar mejor resultado.
Alexander Pope (1688-1744).

La mujer cuando se irrita cambia de sexo.
Madame Puysieux (1720-1798),
novelista francesa.

Si quieres que te sigan las mujeres, ponte delante.
Francisco de Quevedo (1580-1645),
escritor español.

La mujer es como la mochila en el combate. Sin ella, se lucha con desembarazo, pero ¿y al acabar?
Santiago Ramón y Cajal (1852-1934),
médico e histólogo español.

La mujer es la píldora amarga de la naturaleza y el arte se ha complacido en dorarla para que el hombre la trague más fácilmente.
Santiago Ramón y Cajal (1852-1934).

Las chicas elegantes saben jugar tenis, tocar el piano y hacerse las tontas.
Lynn Redgrave (1943), actor británico.

Ella se cortó, chupó la sangre de su herida y se envenenó.
Jules Renard (1864-1910),
escritor francés.

Si alguna vez muero por una mujer será de risa.
Jules Renard (1864-1910).

Si quieres que tu mujer escuche lo que dices, díselo a otra mujer.
Jules Renard (1864-1910).

Todas las mujeres capitulan sobre la almohada.
*Étienne Rey (1879-?),
dramaturgo francés.*

La mujer más difícil de conservar es la que se ha conquistado fácilmente.
*Madame de Rieux (1550-1605?),
escritora francesa.*

La mujer es como una bolsa de té. Nunca sabes cuán fuerte es hasta que la introduces en agua caliente.
*Eleanor Roosevelt (1884-1962),
escritora estadounidense.*

La mujer: la escarpia en que el ingenio cuelga sus chistes, el predicador sus textos, el cínico su resentimiento y el pecador su justificación.
*Helen Rowland (1875-1950),
escritora estadounidense.*

La mujer es como el puro, hay que encenderla a menudo.
*Arthur Rubinstein (1890-1957),
pianista polaco.*

La mujer hermosa es un peligro. La fea es un peligro y una desgracia.
Santiago Rusiñol (1861-1931),
pintor y escritor español.

Las mujeres son como las serpientes: hay que quitarles la cabeza para obtener su cuerpo.
Marqués de Sade (1740-1814),
escritor francés.

Las mujeres y los elefantes nunca olvidan un agravio.
Saki [Hector Hung Munro] (1870-1916),
escritor escocés.

Es prudente presentar excusas a los hombres cuando uno está equivocado y a las mujeres cuando uno tiene razón.
The Salisbury Post.

No quieras alcanzar la luna para ofrecerla a una mujer, mejor pásate por Cartier.
San-Antonio.

Las mujeres no necesitan estudiar a los hombres, porque los adivinan.
Joseph Sanial-Dubay (1754-1817), escritor francés.

El primer sueño tranquilo de Adán fue también el último; despertó y tenía... mujer.
Moises G. Saphir (1805-1858),
escritor y humorista alemán.

La diferencia entre las mujeres y las coincidencias es que hay coincidencias que no engañan.
Patrick Sébastien.

Buena es la mujer cuando es abiertamente mala.
Lucio Anneo Séneca (2 a.C.-65), filósofo romano, natural de Córdoba.

La mujer es un manjar digno de dioses, cuando no lo cocina el diablo.
William Shakespeare (1564-1616), dramaturgo inglés.

La volubilidad de la mujer a quien amo es solo comparable a la infernal constancia de las mujeres que me aman.
George Bernard Shaw (1856-1950), escritor irlandés.

La virtud de la mujer es la invención más grande del hombre.
Cornelia Otis Skinner (1901-1979), actriz estadounidense.

Si hay tantas mujeres que acaban mal es porque no se les enseñó a estar solas.
Mademoiselle de Sommery (1711-1790), escritora francesa.

La mujer liberada es la que tiene sexo antes del matrimonio y un trabajo después.
Gloria Steinem (1934), escritora estadounidense.

Si los hombres no fuéramos vanos, las mujeres nos lo harían ser.
Stendhal [Henri Beyle] (1783-1842), escritor francés.

Una de las ironías de la vida es que normalmente las mujeres que consiguen los abrigos de pieles son las más calientes.
Thomas Szasz (1920), psiquiatra y filósofo húngaro-estadounidense.

Puedes estar a sus pies. En sus rodillas... Pero nunca en sus manos.
Maurice Talleyrand-Perigord (1754-1838), político francés.

La mujer está hecha así: ligera y voluble, os rehuye si la amáis, y os ama si la rehuís.
Teócrito de Siracusa (300-260 a. de C.), poeta bucólico griego.

La mujer es la puerta del infierno.
Quinto S. F. Tertuliano (160?-240?), escritor religioso romano.

Y una constante mujer, que es el mayor imposible.
Tirso de Molina [Gabriel Téllez] (1581-1648), religioso y dramaturgo español.

Hay mujeres que cuanto más envejecen más tiernas son. También los faisanes.
Paul-Jean Toulet (1867-1920), escritor francés.

No me gusta ella; pero no me malinterpretes: mi disgusto es puramente platónico.
Herbert Beerbohm Tree (1852-1917).

Si piensas que las mujeres son el sexo débil, intenta tirar de las mantas hacia tu lado.
Stuart Turner.

Dios creó al hombre y para que no se aburriera le dio a la mujer. Luego, lleno de remordimiento, a Dios le dio miedo de que ella le aburriera y le envió el tabaco.
*Mark Twain (1835-1910),
escritor y periodista estadounidense.*

Para Adán, el paraíso era donde estaba Eva.
Mark Twain (1835-1910.

Por lo general, las mujeres de ensueño son una ilusión óptica.
*Peter Ustinov (1921-2004),
escritor, actor y director inglés.*

Dios creó al hombre y, no hallándole bastante solo, le dio una compañera para hacerle sentir mejor la soledad.
*Paul Valéry (1871-1945),
poeta francés.*

Si las mujeres solo tuvieran los defectos que los hombres les achacan, serían casi perfectas.
*Louise de Vilmorín (1902-1971),
novelista francesa.*

Dios creó a las mujeres para tener bajo el yugo a los hombres.
*Voltaire [François Marie Arouet] (1694-1778),
filósofo francés.*

El primero que comparó a la mujer con una flor, fue un poeta; el segundo, un imbécil.
Voltaire [François Marie Arouet] (1694-1778).

Las mujeres son como las veletas: solo se quedan quietas cuando se oxidan.
Voltaire [François Marie Arouet] (1694-1778).

Es la clase de chica que ascendió por la escalera del éxito, error tras error.
*Mae West (1893-1981),
actriz estadounidense.*

El encanto del pasado consiste en que ha pasado; pero las mujeres nunca saben cuándo ha caído el telón: siempre quieren un sexto acto.
*Oscar Wilde (1854-1900),
escritor irlandés.*

Es indecente y mala, nada puedo decir a su favor, salvo que es mi mejor amiga.
Oscar Wilde (1854-1900).

La mujer nos inspira el deseo de emprender obras maestras y nos impide realizarlas.
Oscar Wilde (1854-1900).

Las mujeres han sido siempre protestas pintorescas contra la simple existencia del sentido común.
Oscar Wilde (1854-1900).

Las mujeres nos tratan como la humanidad lo hace a sus dioses. Nos adoran y siempre nos están molestando para que hagamos cosas por ellas.
Oscar Wilde (1854-1900).

Las mujeres son un sexo decorativo. Nunca tienen nada que decir, pero lo dicen deliciosamente.
Oscar Wilde (1854-1900).

Las mujeres tienen un maravilloso instinto acerca de las cosas. Pueden descubrir todo excepto lo obvio.
Oscar Wilde (1854-1900).

No hay más de cinco mujeres en Londres con las que vale la pena conversar, y tres de ellas no pueden ser admitidas en casas respetables.
Oscar Wilde (1854-1900).

Quien no tenga a las mujeres de su lado, no tendrá éxito en este mundo.
Oscar Wilde (1854-1900).

Todas las mujeres llegan a ser como sus madres; esa es su tragedia.

Oscar Wilde (1854-1900).

Solo con que consigas hacer reír a la mujer podrás hacer con ella lo que quieras.

Nicol Williamson (1939),
actor británico.

Lo que se dijo cuando ella pasaba: «¡Eso no es caminar! ¡Eso es hacerle cosquillas al suelo!».

Wimpi [Arturo García Muñoz] (1905-1956),
escritor y humorista argentino.

Ha pasado por más regazos que una servilleta.

Walter Winchell (1897-1972),
periodista estadounidense.

Soy el tipo inteligente e independiente de mujer. En otras palabras, una chica que no puede conseguir un hombre.

Shelley Winters (1922),
actriz estadounidense.

La muchacha que es fácil de lograr puede ser difícil de soportar.

F. Wisely.

Durante siglos, las mujeres han sido espejos dotados del magnífico y delicioso poder de reflejar una silueta del hombre con tamaño doble del natural.
Virginia Woolf (1882-1941),
escritora inglesa.

Mujer al volante, peligro constante.
Proverbio italiano.

Dios no podía estar en todas partes, por consiguiente creó a las mujeres.
Proverbio judío.

Las mujeres, donde están, sobran; y donde no están, faltan.
Proverbio portugués.

Las mujeres dicen la verdad, pero la dicen a medias.
Proverbio toscano.

De la mujer y el dinero, no te burles compañero.
Refrán español.

El caballo y la mujer, a ojo se han de tener.
Refrán español.

En casa de la mujer rica, ella manda y ella grita.
Refrán español.

Mujer que no tiene encantos, se queda para vestir santos.
Refrán español.

Mujeres y pelagatos son malos para hacer tratos.
Refrán español.

Mujeres y vino hacen que los hombres pierdan el tino.
Refrán español.

A la mujer hay que tomarla muy en serio cuando ríe.
Anónima.

Cada mujer es un mundo... ¡Haz turismo!
Anónima.

El 90% de los accidentes de coche son por culpa de los hombres... que siempre les prestan las llaves a las mujeres.
Anónima.

Hay mujeres con quienes se sueña. Otras que quitan el sueño. Otras que son soporíferas. Y las peores son las que producen pesadillas.
Anónima.

Hay tres clases de mujeres: las hermosas, las inteligentes y la mayoría.
Anónima.

La llamada «mujer fácil» es la que tiene la moral sexual de un hombre.

Anónima.

La mujer distraída es un lince que te está observando.

Anónima.

Las chicas buenas van al cielo, las malas a todas partes.

Anónima.

Las mujeres desconfían demasiado de los hombres en general y muy poco en particular.

Anónima.

Las mujeres se dividen en dos categorías: las distraídas, que pierden los guantes, y las atentas, que pierden solo uno.

Anónima.

Las mujeres son como las corbatas: de lejos son bonitas e inofensivas, pero terminan ahorcando al hombre.

Anónima.

Los hombres tenemos un problema más que las mujeres: las mujeres.

Anónima.

No es cierto que todas las mujeres lleguen tarde a las citas: las hay que ni siquiera llegan.
Anónima.

Solo hay dos cosas de ella que me disgustan: su cara.
Anónima.

LA MUJER COMO ESPOSA Y COMO AMANTE

Las mujeres ligeras son las que más pesan sobre el presupuesto de un hombre.
Marcel Achard (1899-1974), dramaturgo y guionista francés.

Las mujeres son como la sopa: no hay que dejarlas enfriar.
Jean Anouilh (1910-1987), dramaturgo francés.

La mujer se burla de los hombres como quiere, cuando quiere y mientras quiere.
Honoré de Balzac (1799-1850), escritor francés.

La mujer que es amada siempre tiene éxito.
Vicki Baum (1888-1960), escritora y concertista de arpa austriaca.

La mayoría de las mujeres seducidas por los hombres aspiran a casarse con ellos. Es una cruel venganza verdaderamente femenina.
*Señor de Beaumanoir (1250-1296),
jurista y escritor francés.*

Bien sé que las mujeres aman, por lo regular, a quienes lo merecen menos. Es que las mujeres prefieren hacer limosnas a dar premios.
*Jacinto Benavente (1866-1954),
dramaturgo español.*

Las mujeres perdonan alguna vez al que las ha engañado; pero nunca al que no han podido engañar.
Jacinto Benavente (1866-1954).

La esposa es una persona que puede sufrir en silencio, pero que generalmente tiene mucho que decir después.
*Dan Bennet (1867-1931),
novelista inglés.*

Las mujeres que nos aman por nuestro dinero son muy agradables: al menos uno sabe qué hacer para conservarlas.
Francis Blanche.

Un vestido que se cierra por la espalda une a marido y mujer.
James H. Boren (1925).

Una amante es leche; una esposa, mantequilla y una mujer, queso.
>   *Ludwig Börne (1786-1837), escritor y político alemán.*

Atracador: Persona que os exige la bolsa o la vida, a diferencia de la mujer, que os exige las dos cosas.
>   *Samuel Butler (1612-1680), escritor inglés.*

En su primera pasión, la mujer quiere a su amante; en todas las demás, no quiere más que al amor.
>   *Lord Byron (1788-1824), poeta inglés.*

Habla seis veces con la misma mujer soltera y ya puedes preparar tu traje de boda.
>   *Lord Byron (1788-1824).*

Nunca aconsejéis a un hombre que desconfíe de una mujer con la que ya está casado. ¡Es demasiado tarde!
>   *Lord Byron (1788-1824).*

Cuando una mujer se rinde es porque ha vencido.
>   *Aldo Cammarota, humorista argentino.*

Hay mujeres que prefieren hacer sufrir a varios hombres a la vez, y otras que prefieren concentrarse en uno solo: estas son las mujeres fieles.
>   *Alfred Capus (1858-1922), periodista y dramaturgo francés.*

El amor es un niño grande; las mujeres, su juguete.
*Severo Catalina (1832-1871),
político y escritor español.*

Es natural condición de mujeres desdeñar a quien las quiere, y amar a quien las aborrece.
*Miguel de Cervantes (1547-1616),
escritor español.*

Los hombres serán siempre lo que quieran las mujeres.
*François R. Chateaubriand (1768-1848),
escritor y político francés.*

Eva: la única mujer que no pudo pensar jamás que habría sido feliz casada con otro.
*Noel Clarasó (1905-1985),
escritor español.*

Las mujeres nos aceptan tal como somos; siempre que nuestra manera de ser consista en aceptarlas a ellas tal como son.
Noel Clarasó (1905-1985).

Mujer dócil: La que obedece a su marido siempre que este le dice que haga lo que quiera.
Noel Clarasó (1905-1985).

Una mujer se siente incomprendida siempre que a su marido no le gusta un vestido que a ella le sienta como un tiro.
Noel Clarasó (1905-1985).

Mis verdaderas amigas siempre me han dado esa suprema prueba de devoción; una aversión por el hombre que yo amaba.
Sidoine-Gabrielle Colette (1873-1954), escritora francesa.

Las mujeres no notan sino lo que dejamos de hacer.
Georges Courteline (1858-1929), escritor y humorista francés.

Las mujeres son como los zapatos: cuando nos las quitamos, hay que ponerles las hormas.
Pierre Dac (1896-1975), escritor francés.

A las mujeres les gustan los hombres desesperados; si no los encuentran, los hacen.
León Daudí (1905-1985), escritor español.

Hay más distancia entre una mujer y su primer amante, que entre su primero y su décimo amante.
Denis Diderot (1713-1784), filósofo y escritor francés.

La mayoría de las mujeres se empeñan en cambiar a un hombre y cuando lo han conseguido, ya no les gusta.
Marlene Dietrich (1904-1992), actriz alemana.

Una vez que la mujer ha perdonado a su hombre, no debería recalentar sus pecados en el desayuno.
Marlene Dietrich (1904-1992).

La mujer es como una buena taza de café: la primera vez que se toma no te deja dormir.
Alejandro Dumas (1803-1870), escritor francés.

Hay mujeres que quieren tanto a sus maridos que, para no usarlos, toman el de sus amigas.
Alejandro Dumas hijo (1824-1895), escritor francés.

Para una chica lista, los hombres no son el problema; son la respuesta.
Zsa Zsa Gabor (1923), actriz estadounidense de origen húngaro.

Quiero un hombre que sea amable y comprensivo. ¿Es eso mucho pedir de un millonario?
Zsa Zsa Gabor (1923).

No se puede saber qué es una mujer hasta que no se ha visto a una mujer enamorada.
Theophile Gautier (1811-1872), escritor francés.

¡Con qué facilidad cambian las mujeres un gran amor por un pequeño matrimonio!
Sergio Golwarz.

Le daría gustoso mi vida, pero es mi existencia la que quiere.

Sacha Guitry (1885-1957),
dramaturgo y actor ruso, nacionalizado francés.

A las mujeres les seduce que se las seduzca.
Enrique Jardiel Poncela (1901-1952).

Cásate, mujer. ¿Por qué no has de casarte? ¿No ves que las hay que se quedan viudas?
Enrique Jardiel Poncela (1901-1952).

La mujer adora al hombre igual que el hombre adora a Dios: pidiéndole todos los días algo.
Enrique Jardiel Poncela (1901-1952).

Son las mujeres tan inclinadas al amor que aman las flores, los pájaros, la danza, las ricas galas, a sus amantes… y algunas hasta a sus maridos.

E. Jony.

El castigo de aquellos que han amado demasiado a las mujeres es amarlas siempre.
Joseph Joubert (1754-1824), moralista francés.

Casarse con un hombre es como comprar algo que llevabas mucho tiempo admirando en un escaparate. Puedes amarlo cuando lo tengas en casa, pero no siempre te pega con el resto de las cosas de tu casa.

Jean Kerr (1923), ensayista y
dramaturgo estadounidense.

La más tonta de las mujeres puede manejar a un hombre inteligente; pero sería necesario que una mujer sea muy hábil para manejar a un imbécil.
Rudyard Kipling (1865-1936),
escritor inglés de origen indio.

La mujer olvida de un hombre que ya no ama hasta los favores que él ha recibido de ella.
Jean de La Bruyère (1645-1696),
escritor moralista francés.

Al llegar a cierta edad, todas las mujeres piensan lo mismo: vale más un mal partido que quedarse en la caseta sin jugar.
Álvaro de la Iglesia (1922-1981),
humorista español.

Las mujeres sienten predilección por los hombres maduros, no solo porque tengan plata en los cabellos, sino porque suelen tener también más oro en los bolsillos.
Álvaro de la Iglesia (1922-1981).

La galantería es una intriga amorosa en la que queremos que el adversario nos aventaje.
Ninon de Lenclos (1620-1705),
cortesana francesa.

Las mujeres se parecen a los caballos en que se burlan de aquel que no las sabe domar.
José de Letamendi (1828-1897),
médico español.

¡Cuántas mujeres se enamoran de un hombre, no para tenerlo, sino para no dejarlo a otra!
Albert Lindner (1831-1888),
escritor alemán.

Las mujeres americanas esperan encontrar en sus maridos una perfección que las mujeres inglesas solo esperan encontrar en sus mayordomos.
William Somerset Maugham (1874-1965),
escritor inglés, nacido en Francia.

Si dos mujeres cuchichean y paran bruscamente cuando te acercas... es sin duda que hablan se sexo. !Y si una de ellas es tu mujer, seguro que hablan de ti!
Arthur Miller (1915-1980),
dramaturgo estadounidense.

No discute nunca la mujer las ideas de su prometido porque «el cliente siempre tiene razón».
Jacinto Miquelarena (1891-1962),
escritor español.

Me consuela ser mujer pensando que jamás me casaré con ninguna.
Mary Worthley Montagu (1689-1762),
escritora inglesa.

Ella siempre estaba encantada de verlo llegar y nunca sentía verlo partir.
Dorothy Parker (1893-1967),
escritora estadounidense.

La mujer enamorada es una esclava que hace llevar las cadenas a su amo.
Etienne Rey (1879-?), dramaturgo francés.

Cuando una mujer rehúsa reñir con un hombre es porque está cansada de él. Los verdaderos enamorados siempre están dispuestos a pelear.
Arthur Richman

Tu mujer no es una excepción.
Jean Rostand (1893-1977), biólogo y moralista francés.

Cuando una muchacha se casa, cambia la atención de muchos hombres por la desatención de uno solo.
*Helen Rowland (1875-1950),
escritora estadounidense.*

Cuando ves con lo que algunas chicas se casan, te das cuenta de cómo deben odiar trabajar para vivir.
Helen Rowland (1875-1950).

Temed el amor de la mujer más que el odio del hombre.
*Sócrates (470-399 a. de C.),
filósofo griego.*

La mujer más tonta que no esté enamorada tiene más talento que el hombre que la ama.
P. S. Stahl

Decimos que las mujeres son curiosas. Pero nunca lo son en un caso concreto: nunca preguntan de dónde saca el marido el dinero que ellas necesitan.

F. von Strobach, escritor alemán.

A los veinte años, la soltera pregunta: «¿Cómo es?». A los treinta: «¿Qué es?». A los cuarenta: «¿Dónde está?».

H. Thom, escritor alemán contemporáneo.

Si las mujeres fueran verdaderamente sinceras en su amor por el marido y en el temor de agradar a los demás, se afearían cuando salen de casa y se embellecerían para quedarse en el hogar.

Antoine Tournier.

Cuando una mujer se da es que tiene algo que tomar.

André Treilles.

A menudo es menos duro levantarte sintiéndote sola cuando estás sola que levantarte sintiéndote sola cuando estás con alguien.

Liv Ullmann (1939), actriz sueca.

¡Qué poco les importaría quedarse solteras si sus amigas tampoco se casaran!

Víctor Uve (La Codorniz) [Víctor Vadorrey].

Cuando una mujer te ha dado el corazón, jamás podrás deshacerte del resto.
John Vanbrugh (1664-1726).

Ella buscaba una utopía: un marido que fuera un hombre y un amante. Quedó soltera.
El Viejo Bribón.

Las mujeres aman a los hombres por sus defectos; si tienen bastantes, les perdonarán cualquier cosa, hasta una inteligencia gigantesca.
Oscar Wilde (1854-1900).

Las mujeres modernas entienden todo, menos a sus maridos.
Oscar Wilde (1854-1900).

No hay nada en el mundo comparable a la abnegación de una mujer casada. Es algo de lo que el hombre casado no tiene ni la menor noción.
Oscar Wilde (1854-1900).

Cuando una mujer ya no te joroba es que ya no te quiere.
George Wolinski.

La única vez en que una mujer realmente tiene éxito en cambiar a un hombre es cuando es niño.
Natalie Wood, actriz estadounidense.

Si te arruinaras seguiría amándote, pero te echaría mucho de menos.
Pintada anónima.

Dame, Dios, marido rico, aunque sea un borrico.
Refrán.

Antes de que el dinero fuera inventado, ¿qué le veían las mujeres a los hombres?
Anónima.

El hombre le pregunta a Dios:
—¿Por qué has hecho a la mujer tan bella?
—Para que te enamores de ella.
—Y, entonces, ¿por qué la has hecho tan tonta?
—Para que se enamore de ti.
Anónima.

El hombre propone, la mujer dispone y Dios da el visto bueno.
Anónima.

La diferencia entre una hechicera y una bruja son diez años de matrimonio.
Anónima.

Lo malo de una mujer con el corazón roto es que empieza a repartir pedazos...
Anónima.

LA MUJER COMO MADRE Y COMO AMA DE CASA

Todas las madres podrían desempeñar el trabajo de varios controladores de tráfico aéreo con facilidad.
*Lisa Alther (1944),
escritora contemporánea.*

El lugar de la mujer está en el hogar... o, en su defecto, en algún *nightclub* cómodo.
*Lucille Ball (1910-1989),
actriz estadounidense.*

El corazón de una madre es un abismo profundo en cuyo fondo siempre encontrarás perdón.
*Honoré de Balzac (1799-1850),
escritor francés.*

Jamás en la vida encontraréis ternura mejor, más profunda, más desinteresada ni verdadera que la de vuestra madre.
Honoré de Balzac (1799-1850).

Un hijo nunca se imagina que su madre sea una mujer.
André Beaunier (1869-1915), escritor inglés.

¿Es que ser mujer significa hacer todo: trabajar y tener niños?
Candice Bergen (1946), actriz estadounidense.

Las mujeres que calculan mal son llamadas madres.
> *Abigail van Buren (1918),
> periodista estadounidense.*

Mi madre tuvo doce hijos y la pusimos en un pedestal... para que mi padre no pudiera alcanzarla.
> *O. Campbell.*

Me gustaría saber dónde aprenden las madres todas las cosas que dicen a sus hijas que no deben hacer.
> *Eddie Cantor (1892-1964),
> actor estadounidense.*

Solo una madre sabe lo que quiere decir amar y ser feliz.
> *Adalbert von Chamisso (1781-1838),
> escritor alemán, de origen francés.*

No existe la madre perfecta, pero hay un millón de maneras de ser una buena madre.
> *Jill Churchill.*

Cuando una madre explica a su hija lo que es la vida, la hija aprende mucho acerca de la ignorancia de la madre.
> *Noel Clarasó (1905-1985),
> escritor español.*

Una mujer casada debe dedicar a su hogar todo el tiempo libre que le deja la peluquería.
*José Luis Coll (1931),
humorista español.*

Mi marido sabe tanto de cuidar niños que le he sugerido que tenga el próximo, mientras yo me recuesto y le doy consejos.
*Princesa Diana de Gales (1961-1997),
princesa consorte inglesa.*

Limpiar la casa mientras los niños son pequeños es como limpiar la calle de nieve antes de que deje de nevar.
*Phyllis Diller (1917),
cómica y escritora estadounidense.*

Las madres perdonan siempre, han venido al mundo para eso.
*Alejandro Dumas (1803-1870),
escritor francés.*

El trabajo del hogar es lo que hace una mujer y nadie nota a menos que ella no lo haya hecho.
*Evan Esar,
escritor estadounidense contemporáneo.*

Los hijos creen en la virtud de su madre. Las hijas también, pero menos.
*Anatole France (1844-1924),
escritor y crítico francés.*

Una madre gasta veinte años en hacer un hombre de un niño, y otra mujer hace un tonto de él en veinte minutos.
Robert Lee Frost (1875-1963), poeta estadounidense.

La más bella palabra en labios de un hombre es la palabra madre, y la llamada más dulce: madre mía.
Khalil Gibran (1883-1931), escritor libanés.

Sean buenas cocineras porque a los maridos hay que asirlos por la boca.
Juana Manuela Gorriti (1819-?), escritora argentina.

La próxima vez no me pondrán una anestesia epidural para el parto; me la pondrán para que me dure todo el embarazo.
Sally James.

La única vez que una mujer desea ser un año mayor es cuando está esperando un niño.
Mary Marsh.

Quien ama a su madre, jamás será perverso.
Alfred de Musset (1810-1857), poeta francés.

El porvenir de un hijo es siempre obra de su madre.
Napoleón Bonaparte (1769-1821), emperador francés.

Las mujeres no son sino máquinas para producir niños.
Napoleón Bonaparte (1769-1821).

Dicen que detrás de un gran hombre hay una gran mujer, pero detrás de una gran mujer hay siempre una buenísima asistenta.
*Carmen Rico Godoy (1939),
periodista española.*

Odio el trabajo doméstico. Haces las camas, haces la colada, friegas los cacharros... y seis meses después tienes que volver a comenzar.
*Joan Rivers (1933),
presentadora de televisión estadounidense.*

El hogar es la prisión de la doncella y el taller de la mujer.
*George Bernard Shaw (1856-1950),
escritor irlandés.*

Los hijos son las anclas que sujetan a la madre a la vida.
*Sófocles (497-406 a. de C.),
poeta griego.*

Apenas han encontrado marido, se convierten en máquinas de fabricar niños en perpetua adoración por el fabricante.
*Stendhal [Henri Beyle] (1783-1842),
escritor francés.*

El corazón de una madre es el más hermoso lugar para un hijo y el único que no puede perder aun cuando él lleve ya canas. En todo el espacio del Universo solo hay un corazón como este.
Adalbert Stifter.

La maternidad es la experiencia más emotiva de la vida de cada una. Se forma una especie de mafia de mujeres.
Janet Suzman (1934),
actriz británica.

Cualquier mujer que entienda los problemas de llevar una casa está muy cerca de entender los de llevar un país.
Margaret Thatcher (1925),
estadista inglesa.

Madres: sois vosotras las que tenéis en vuestras manos la salvación del mundo.
León Tólstoi (1828-1910),
escritor ruso.

Antes las mujeres viajaban para abortar. Ahora van a donde haga falta para tener un hijo.
Anna Veiga.

El niño reconoce a su madre por la sonrisa.
Publio Virgilio Marón (70-19 a.C.),
poeta romano.

La mano que mece la cuna es la mano que gobierna el mundo.
Edgar Wallace (1875-1932).

De mujer que es madre, nadie nunca mal hable.
Refrán español.

Madre dispuesta, hija vaga.
Refrán español.

Madre piadosa cría hija miedosa.
Refrán español.

Mujer casada que trabaja, trabaja fuera y trabaja en casa.
Refrán español.

Amnesia: Lo que le permite a una mujer que ha parido volver a hacer el amor.
Anónima.

El mercado es el único lugar en que no les importa a las mujeres confesar que son las últimas.
Anónima.

El que haya visto alguna vez a una mujer haciendo limpieza general, comprenderá por qué los huracanes llevan nombre de mujer.
Anónima.

COQUETERÍA
Y OTRAS ARMAS DE MUJER

La gran fuerza de las mujeres consiste en retrasarse o en estar ausentes.
Alain [Emile Chartier] (1868-1951),
filósofo y escritor francés.

No hay mujer tan alta que huelgue ser mirada, aunque el hombre sea muy bajo.
Mateo Alemán (1547-1614),
novelista español.

Su sombrero es una creación que jamás pasará de moda. Seguirá pareciendo igual de ridículo año tras año.
Fred Allen (1894-1956),
escritor estadounidense.

Playa: Lugar donde la mujer demuestra ser cierto aquello de que no tiene nada que ponerse.
Ardanuy (La Codorniz).

¡Sácame una fotografía de primer plano! Verás que es como tomar una fotografía de un plano en relieve de Irlanda.
Lady Nancy Astor (1879-1964), política inglesa,
nacida en Estados Unidos.

Me niego a admitir que yo tenga más de cincuenta y dos años, aunque eso haga a mis hijos ilegítimos.
Lady Nancy Astor (1879-1964).

Yo no estaba realmente desnuda. Simplemente no tenía ningún vestido puesto.
*Josephine Baker (1906-1975),
bailarina y cantante estadounidense.*

El secreto de permanecer joven es vivir honestamente, comer despacio y mentir acerca de tu edad.
*Lucille Ball (1910-1989),
actriz estadounidense.*

Me pareció tan bonita que no podía recordar luego cómo era.
*Pío Baroja (1872-1956),
escritor español.*

La mayoría de las mujeres no son tan jóvenes como son con maquillaje.
*Max Beerbohm (1872-1956),
ensayista y caricaturista inglés.*

Tan duro es para la mujer ser excepcionalmente bella, que la mayoría fracasan y acaban mal.
*Jacinto Benavente (1866-1954),
dramaturgo español.*

Los diseñadores de modas femeninas predicen que las faldas serán cada vez más altas y los escotes cada vez más bajos. No sé que sucederá, pero cuando suceda, quiero estar presente.
Scott Brady.

La coquetería es una red que la vanidad de las mujeres tiende a la fatuidad de los hombres.
Brins.

He seguido una constante dieta durante las dos últimas décadas. He perdido en total 358 kilos de peso. Según esas cuentas, debería ser el colgante de algún bonito brazalete.
*Erma Brombeck (1927),
escritora y periodista satírica estadounidense.*

El mérito de algunas damas ha consistido en hacer tolerables, gracias al buen gusto, modas en su mayoría completamente feas.
*Jakob Buckhardt (1818-1897),
historiador suizo.*

No hay cosa más incierta que el número de años de las señoras que se dicen de cierta edad.
*Lord Byron (1788-1824),
poeta inglés.*

Temed de aquellas que eclipsan siendo feas a las bellas.
Ramón de Campoamor (1817-1901),
poeta español.

El rostro de una mujer debe estar acuñado por su propia historia.
Claudia Cardinale (1939), actriz italiana.

Yo siempre me doy betún en las pestañas, porque soy una persona muy emotiva y el betún no se corre cuando lloras.
Barbara Cartland (1901-2000),
novelista romántica inglesa.

Por muy poderosa que se vea el arma de la belleza, desgraciada la mujer que solo a este recurso debe el triunfo alcanzado sobre un hombre.
Severo Catalina (1832-1871), escritor español.

El perfume anuncia la llegada de una mujer y alarga su marcha.
Coco Chanel (1883-1971),
diseñadora de moda francesa.

La naturaleza te da el rostro que tienes a los veinte años; a ti te corresponde el mérito de la cara que tienes a los treinta.
Coco Chanel (1883-1971).

Muchas mujeres tienen dos razones demasiado finas o demasiado gruesas para no aceptar la falda corta.
> *Noel Clarasó (1905-1985), escritor español.*

Mujer sincera: la que siempre dice la verdad, menos si se trata de su edad, de su peso y del sueldo de su marido.
> *Noel Clarasó (1905-1985).*

Una mujer nunca sabe qué clase de vestido no le cae bien hasta que se lo ha comprado.
> *Noel Clarasó (1905-1985).*

Dame una docena de quebrantos amorosos... si eso me ayuda a perder un par de kilos...
> *Sidoine-Gabrielle Colette (1873-1954), escritora francesa.*

Miente siempre sobre tu edad. Intenta aparentar ser más joven; a los hombres no les importa.
> *Joan Collins (1933), actriz estadounidense.*

El verdadero pudor está en ocultar lo que no es bonito dejar ver.
> *Georges Courteline (1858-1929), escritor y humorista francés.*

¿Que qué me pongo en la cama? Algo cálido... generalmente mi marido.
> *Edwina Currie, política conservadora británica contemporánea.*

Acusar: Modo de defenderse habitual en las mujeres cuando no tienen razón.
Adrien Decourcelle (1821-1892), dramaturgo francés.

Las mujeres jamás son tan fuertes como cuando se arman de su debilidad.
Madame du Deffant (1697-1780), escritora francesa.

Me visto para las mujeres, y me desvisto para los hombres.
Angie Dickinson (1932), actriz estadounidense.

El sujetador es una prenda que demuestra cuán idealistas son los hombres.
Marlene Dietrich (1904-1992), actriz alemana.

Las mujeres tienen una edad en que necesitan ser bellas para ser amadas, y otra en que necesitan ser amadas para ser bellas.
Marlene Dietrich (1904-1992).

Las mujeres no llevan lo que les gusta. Les gusta lo que llevan.
Christian Dior (1905-1957), diseñador de moda francés.

Las chicas que usan cremalleras no deberían estar solas.
John W. van Druten

En mis fantasías sexuales, nadie me ama por mi inteligencia.
Nora Ephron (1941), escritora estadounidense.

La razón de la mujer: porque sí.
George Farquhar (1678-1707), dramaturgo irlandés, afincado en Inglaterra.

Desgraciadamente para nosotros, los modistos de alta costura, demasiadas mujeres que se desvisten al contado se visten a crédito.
Louis Féraud.

Lágrimas de mujer: la más poderosa fuerza hidromotriz del mundo.
Angelo Frattini.

La mujer no comienza a mostrar su edad hasta que empieza a ocultarla.
André Gide (1869-1951), escritor francés.

Mantén a una chica en vaqueros desde los 4 a los 14 años y acabarás con un trozo de carne en tus manos.
Suzanne Godart.

Precisamente porque las mujeres nunca se muestran en su aspecto natural, encontramos tanto atractivo en su trato.
Johann Wolfgang Goethe (1749-1832), escritor alemán.

Las mujeres y la música nunca deben tener fecha.
Oliver Goldsmith (1728-1774), escritor inglés.

La obsesión de la mujer es que su pulsera pueda ser su cinturón.
Ramón Gómez de la Serna (1888-1963), escritor satírico español.

Lo grave de que una mujer se haga un traje a rayas es que enseguida querrá otro que no tenga rayas.
Ramón Gómez de la Serna (1888-1963).

A toda mujer desnuda le falta un pedazo.
Graham Greene (1904-1991), escritor inglés.

Cuando una mujer nos cautiva, ¿cómo discernir dónde empieza su sonrisa y dónde acaba su boca?
Heinrich Heine (1797-1856), poeta y crítico alemán.

Fuera de cada chica delgada hay un hombre gordo tratando de entrar.
Katharine Hepburn (1909-2003), actriz estadounidense.

Con una mujer sensual se puede ir lejos sin salir de una habitación; con una mujer coqueta, aunque se vaya a todas partes, no se va a ningún lado.
Enrique Jardiel Poncela (1901-1952), escritor español.

El descote de las mujeres se distribuye como los alimentos: entre pecho y espalda.
Enrique Jardiel Poncela (1901-1952).

Hay mujeres tan lindas que no se explica como no se desmayan al mirarse al espejo.
Enrique Jardiel Poncela (1901-1952).

La mujer es como los autos, a la vejez es cuando más se pintan.
Enrique Jardiel Poncela (1901-1952).

Las medias se inventaron en el siglo XIII, pero no se han descubierto hasta el siglo XX.
Enrique Jardiel Poncela (1901-1952).

Las mujeres tienen las mismas costumbres de los salvajes: adornarse con plumas, colgarse aros de las orejas, pintarse la cara y vivir conquistando a los vecinos.
Enrique Jardiel Poncela (1901-1952).

Maquillaje: Arte de mejorar los físicos por medios químicos.
Enrique Jardiel Poncela (1901-1952).

Se le puede exigir a una mujer que venda su cuerpo y que venda su alma. Pero exigirle que venda sus joyas… ¡Es monstruoso!
Enrique Jardiel Poncela (1901-1952).

Era tan delgada que se podría reconocer su esqueleto.

*Randall Jarrell (1914-1965),
escritor, periodista y crítico estadounidense.*

¿Quién puede bajar los ojos como una mujer? ¿Y quién sabe alzarlos como ella?

*Sören Kierkegaard (1813-1855),
filósofo, teólogo y escritor danés.*

Las mujeres necias siguen la moda, las pretenciosas la exageran; pero las mujeres de buen gusto pactan con ella.

*Gabrielle Emile Le Tornellier de Bretevil,
escritora francesa.*

Tengo lo mismo que tenía hace veinte años, solo que lo tengo todo un poco más abajo.

*Gypsy Rose Lee (1914-1970),
stripper estadounidense.*

La belleza sin gracia es un anzuelo sin cebo.

*Ninon de Lenclos (1616-1705),
cortesana francesa.*

La mujer que hace un mérito de su belleza declara por sí misma que no tiene otro mayor.

*Madame de Lespinasse (1732-1776),
escritora francesa.*

Una mujer se desesperaría si la naturaleza la hubiese hecho tal como la moda la adorna.
Madame de Lespinasse (1732-1776).

No es cierto que los caballeros las prefieran rubias, es que nosotras parecemos más tontas.
*Anita Loos (1893-1981),
guionista y novelista estadounidense.*

Las mujeres conceden negando.
*Félix Lope de Vega (1562-1635),
escritor español.*

Que es condición de mujer negar lo que más se desea.
*Félix Lope de Vega (1562-1635),
escritor español.*

Se inventó la seda para que las mujeres pudieran ir desnudas con vestidos.
*Mahoma (570-632),
profeta del Islamismo.*

Si realmente la mujer se vistiera para los hombres, las tiendas no venderían mucho; si acaso alguna visera para el sol.
Groucho Marx (1895-1977), actor, humorista y escritor estadounidense.

La belleza es la llave del corazón. La coquetería en cambio, es la ganzúa.
André Mason.

A las mujeres les gusta quitarse edad, pero no quitarse pasado.
Jacinto Miquelarena (1891-1962), escritor español.

He estado en un calendario, pero nunca he llegado a tiempo.
Marilyn Monroe (1926-1962), actriz cinematográfica estadounidense.

No es verdad que no tuviera nada puesto. Tenía la radio puesta.
Marilyn Monroe (1926-1962), actriz cinematográfica estadounidense.
[Al ser preguntada si había posado desnuda.]

Los diez años más hermosos de la vida de una mujer son los que van del veintinueve al treinta.
Gaby Morlay, actriz francesa contemporánea.

Los tacones altos fueron inventados por una mujer a la que besaron en la frente.
Christopher Morley (1890-1957), escritor estadounidense.

El biquini es una etapa de la vida que se acaba cuando una engorda.
Monike Muller-Oxford (1823-1900), escritora alemana.

Es destacable que de todos los animales, las mujeres, las moscas y los gatos son los que pasan más tiempo haciéndose la *toilette*.
Charles Nodier (1783-1844), escritor y erudito francés.

Me he comprado todos los vídeos de Jane Fonda. Me encanta sentarme y comer pasteles mientras los veo.
Dolly Parton (1946), actriz y cantante country estadounidense.

Cada muchacha puede hacer uso de lo que la Madre Naturaleza le dio antes de que el Padre Tiempo se lo quite.
Laurence J. Peter (1919-1990), ensayista humorístico estadounidense.

No importa cuán bien lleve una mujer sus años, es seguro que tarde o temprano dejará caer unos cuantos.
Photoplay.

Dos especies de lágrimas tienen los ojos de la mujer: De verdadero dolor y de despecho.
Pitágoras de Samos (582-497 a. de C.), filósofo griego.

La moda es la pugna entre el instinto natural de vestirse y el instinto natural de desnudarse.
Pitigrilli [Dino Segre] (1893-1975), escritor italiano.

Cuando las mujeres no hablan es cuando más mienten.
Emile Pontich (1851-?), periodista y moralista francés.

Si Dios intentaba que las mujeres se pusieran pantalones, las hubiera construido de otra manera.
Emily Post (1872-1960), escritora y columnista estadounidense.

Gracias a la cirugía plástica, la belleza en Hollywood es igual a piel tirante.
Victoria Principal (1949), actriz estadounidense.

Una mujer es tan joven como su rodilla.
Mary Quant (1934), diseñadora de moda inglesa, creadora de la minifalda.

Este verano pasado estaba en la playa tomando un agradable baño de sol cuando se me acercó uno de los socorristas y me dijo: «Señora, se va a tener que mover... la marea quiere subir».
Marjorie Rea.

La frivolidad es, a pesar de todo, lo más serio del carácter de las mujeres.
Henri de Régnier (1864-1936), escritor francés.

Las mujeres hablan siempre de su edad, pero no la dicen jamás.
Jules Renard (1864-1910), escritor francés.

¿Os habéis dado cuenta de que cuando le decimos a una mujer que es hermosa siempre cree que es cierto?
Jules Renard (1864-1910).

Nací en 1962, de verdad. Y la habitación de al lado de la mía era la 1963.
*Joan Rivers (1933),
presentadora de televisión estadounidense.*

Quiero tener tanto en la cama como he tenido en los periódicos.
*Linda Ronstadt (1947),
cantante estadounidense.*

No hay mujeres feas, solo vagas.
*Helena Rubinstein (1871-1965),
diseñadora estadounidense.*

A la mujer que cree tener los dientes bonitos, todo la hace reír.
*Santiago Rusiñol (1861-1931),
pintor y escritor español.*

Adelgazar es fácil: basta con tener apetito de las cosas que no gustan.
*Jane Russell (1921),
actriz estadounidense.*

El vestido no tiene ningún propósito, a menos que haga que el hombre te lo quiera quitar.
Françoise Sagan (1935), escritora francesa.

Las mujeres empeñadas en ser las primeras en lucir la última creación de la moda, son justamente las que no deberían hacerlo.
Yves Saint-Laurent (1936), diseñador de moda francés.

La coqueta es una mujer que hace por vanidad lo que la cortesana por ganar dinero.
Georges Sand [Aurore Dupin] (1804-1876), escritora francesa.

Las coquetas son las charlatanas del amor, y las que se dan mejor maña para pregonar su mercancía.
Paul Scarron (1610-1660), escritor francés.

Las mujeres que no están orgullosas de sus vestidos a menudo están orgullosas de no estar orgullosas de sus vestidos.
Cyryl Scott.

A las mujeres les gusta la moda porque toda novedad es siempre un reflejo de la juventud.
Mademoiselle de Scudery (1607-1701), escritora francesa.

Una coqueta es una mujer que despierta pasiones que no tiene el propósito de gratificar.
George Bernard Shaw (1856-1950), escritor irlandés.

«No» no es una negativa en boca de una mujer.
*Philip Sidney (1554-1586),
estadista y poeta inglés.*

La coquetería consiste en no decir nunca ni sí ni no.
*Georg Simmel (1858-1918),
filósofo y sociólogo alemán.*

Aquella niña se ponía cada vez más gorda de la satisfacción que la causaba ir adelgazando.
*Eduardo Soler y Pérez (1845-1907),
jurisconsulto y escritor español.*

No está mal ser bella, lo que está mal es la obligación de serlo.
*Susan Sontag (1933),
escritora y directora de cine francesa.*

Todas las mujeres que tienen una belleza sorprendente sorprenden menos el segundo día.
*Stendhal [Henri Beyle] (1783-1842),
escritor francés.*

Para adelgazar no hay nada como comer caviar sin pan y beber champaña sin burbujas.
*Elizabeth Taylor (1932),
actriz estadounidense.*

Si Dios ha decidido que las mujeres tengamos arrugas, ¿por qué no en las plantas de los pies?
Elizabeth Taylor (1932).

Un diamante es la única clase de hielo que mantiene a una chica caliente.
Elizabeth Taylor (1932).

Mientras se acicalan y se peinan pasa un año.
Afro Publio Terencio (194-159 a.C.), pensador romano.

No tengo figura para llevar vaqueros.
Margaret Thatcher (1925), estadista inglesa.

Era una rubia con un pasado moreno.
Gwyn Thomas (1913-1981), escritor galés.

Todo el mundo admira y ama a la mujer coqueta; la única excepción es su marido.
Voltaire [François Marie Arouet] (1694-1778), filósofo francés.

He ganado y perdido los mismos cinco kilos tantas y tantas veces que mi celulitis me produce una especie de *déjà vu*.
Jane Wagner.

Cuando soy buena, soy buena; cuando soy mala, soy mucho mejor.
Mae West (1893-1981), actriz estadounidense.

Cuando tengo que elegir entre dos males, siempre prefiero el que no he probado.
> *Mae West (1893-1981).*

Deberías quitarte esa ropa mojada y ponerte un martini seco.
> *Mae West (1893-1981).*

Lo que cuenta no son los hombres en mi vida, sino la vida en mis hombres.
> *Mae West (1893-1981).*

No es lo que hago, sino cómo lo hago. No es lo que digo, sino cómo lo digo. Y cómo miro cuando lo hago y lo digo.
> *Mae West (1893-1981).*

Puedes decir lo que quieras acerca de los vestidos largos, pero cubren una multitud de espinillas.
> *Mae West (1893-1981).*

Solo me gustan dos tipos de hombres: el nacional y el extranjero.
> *Mae West (1893-1981).*

Un hombre en casa es mejor que dos en la calle.
> *Mae West (1893-1981).*

¿Cómo confiar en una mujer que le dice a uno su verdadera edad? Una mujer capaz de decir esto es capaz de decirlo todo.
> *Oscar Wilde (1854-1900), escritor irlandés.*

El encanto de una mujer reside en hacer deliciosos sus errores.
Oscar Wilde (1854-1900).

El primer deber de toda dama es para su modista. El segundo deber aún no ha sido descubierto.
Oscar Wilde (1854-1900).

Hay dos tipos de mujeres: las feas y las que se pintan.
Oscar Wilde (1854-1900).

La mujer es feliz cuando puede representar diez años menos que su hija.
Oscar Wilde (1854-1900).

No importa que una mujer no sea bonita si se porta como si lo fuera.
Oscar Wilde (1854-1900).

Nunca una mujer es demasiado rica ni demasiado delgada.
Duquesa de Windsor [Elizabeth Wallis Warfield] (1896-1986).

Mi mujer está haciendo una dieta. Cocos y plátanos. No ha perdido peso, pero está segura de que puede subirse a un árbol.
Henny Youngman (1906-1998), escritor y cómico estadounidense.

Lo que natura no da... la silicona lo soluciona.
Pintada anónima.

Compuesta no hay mujer fea.
Proverbio.

Debajo de una manta, ni la fea te espanta.
Proverbio.

El único secreto que una mujer puede guardar es su edad.
Proverbio.

La mujer del ciego ¿para quién se afeita?
Proverbio.

La mujer ríe cuando puede y llora cuando quiere.
Proverbio francés.

«¿Por qué?» es siempre la respuesta de la mujer.
Proverbio inglés.

En cojera de perro y en lágrimas de mujer, no has de creer.
Refrán español.

Mujer que al andar culea, bien sé yo lo que desea.
Refrán español.

Belleza: arma con la cual una mujer seduce a un amante y aterroriza a su esposo.
Anónima.

Cuando una mujer baja la voz es que quiere algo, y cuando la alza es que no lo ha conseguido.
Anónima.

Es tan presumida que tiene sus radiografías dentales retocadas.
Anónima.

ANIMAL LOCUAZ

Hay mil maneras de hacer hablar a las mujeres, pero ni una sola para hacerlas callar.
Guillaume Bouchet.

Dios creó primero al hombre que a la mujer porque mientras lo modelaba no quería recibir consejos.
*Vincenzo Cardarelli (1887-1959),
escritor italiano.*

La mujer solo es discreta cuando las otras no la dejan hablar.
*Noel Clarasó (1905-1985),
escritor español.*

Los hombres se consuelan fácilmente de las tonterías que dicen las mujeres bonitas al pensar en las tonterías que dicen las mujeres feas.
Noel Clarasó (1905-1985).

Quiso amarla en silencio, pero ella le interrumpió.
Noel Clarasó (1905-1985).

Mi mujer tiene un pequeño impedimento al hablar: de vez en cuando tiene que parar y respirar.
*Jimmie Durante (1893-1980),
actor estadounidense.*

Es como todas las demás mujeres: piensa que dos y dos pueden llegar a ser cinco si chilla bastante.
George Eliot [Mary Ann Evans Cross] (1819-1880), escritora inglesa.

Sé que la lengua de una mujer es como una campana, que una vez arrancada marcha sola.
*Graham Greene (1904-1991),
novelista inglés.*

La mujer no sufre en silencio más que cuando está sola en una habitación.
*Alec Guiness (1914-2000),
actor británico.*

El infierno está pavimentado con lenguas de mujer.
Albe Guyon.

Era una mujer excepcional: antes de hablar sabía qué quería decir.
*Thomas Hardy (1840-1928),
escritor inglés.*

En la mujer, el instinto de conservación es inferior al instinto de conversación.
Enrique Jardiel Poncela (1901-1952),
escritor español.

Cuando una mujer tiene los oídos llenos, apenas sí puede frenar la lengua.
Etienne Jodelle (1532-1573), dramaturgo francés.

El silencio es la única cosa de oro que las mujeres detestan.
Mary Wilson Little (1912),
escritora estadounidense.

Algunas mujeres no pueden ver un teléfono sin descolgarlo.
William Somerset Maugham (1874-1965),
escritor inglés, nacido en Francia.

No, no es que la mujer no pueda mantener un secreto de amor; es que no quiere.
Jacinto Miquelarena (1891-1962), escritor español.

«Si no fuera por las mujeres, los hombres podrían hablar con los dioses», dijo Catón un día que encontró el teléfono ocupado.
Pitigrilli [Dino Segre] (1893-1975),
escritor italiano.

Dios creó al hombre antes que a la mujer para que tuviera tiempo de decir algo.
Jean Rigaux (1909-1991), cantante francés.

El único secreto que pueden guardar las mujeres es el que ignoran.
> *Lucio Anneo Séneca (2 a.C.-65),*
> *filósofo romano, natural de Córdoba.*

Ella había perdido el arte de la conversación, pero no, la capacidad de hablar.
> *George Bernard Shaw (1856-1950),*
> *escritor irlandés.*

Cuando la mujer sufre en silencio, probablemente es que se ha estropeado el teléfono.
> *Tom Sims.*

Las mujeres se callan a veces... pero nunca cuando no tienen nada que decir.
> *Paul Souday.*

Si queréis saber lo que piensa realmente una mujer —cosa siempre peligrosa—, miradla y no la escuchéis.
> *Oscar Wilde (1854-1900), escritor irlandés.*

Las mujeres aprecian mucho en los hombres la discreción, porque saben mejor que nadie lo difícil que es callar.
> *Anónima.*

Las mujeres entre sí

Recuerdo haber oído hablar de dos mujeres que se querían sinceramente y vivían en paz sin que la una dijese nunca nada malo de la otra, siendo jóvenes las dos: una era sorda, la otra era ciega.
*Paul Auguez (1792-1864),
poeta y moralista francés.*

A ninguna mujer le gusta escuchar un cumplido dirigido a otra; en este caso todas se reservan unas palabras para avinagrar el elogio.
*Honoré de Balzac (1799-1850),
escritor francés.*

Si hablas mal de las mujeres, todas se pondrán en contra. Si hablas mal de una mujer, todas te harán coro.
*Alfred Bougeard (1815-1880),
historiador y moralista francés.*

¡Oh, mujeres, lo que nunca os perdonáis unas a otras es la belleza!
*Giacomo Casanova (1725-1798),
aventurero italiano.*

Todas las mujeres se creen más elegantes que las otras, y todas se equivocan.
*Noel Clarasó (1905-1985),
escritor español.*

Cuando dos mujeres se han pasado una hora murmurando de otra, creen seriamente que han iniciado una amistad eterna.
Amadeo H. Courty (1840-1892),
poeta y periodista francés.

De acuerdo con los nuevos tiempos, las mujeres dicen sentirse más cómodas cuando se desnudan delante de los hombres que cuando se quitan la ropa ante otras mujeres. Probablemente porque las mujeres lo juzgan todo demasiado, mientras que los hombres, faltaría más, solo se muestran agradecidos.
Robert De Niro (1943),
actor de cine estadounidense.

Las mujeres guapas no tienen amigas; solo tienen enemigas o cómplices.
Angelo Frattini.

Acuerdo: actitud a que llegan invariablemente dos mujeres cuando hablan de una tercera.
Sacha Guitry (1885-1957),
dramaturgo y actor ruso, nacionalizado francés.

La amistad de dos mujeres es solo una conjura contra una tercera.
Alphonse Karr (1808-1890), novelista francés.

Si las mujeres se preocupan tanto de su *toilette* no es precisamente para agradar a los hombres, sino para fastidiar a las demás mujeres.
E. Le Berquier

No es fácil que haya verdadera amistad entre dos mujeres, como no es fácil que sean buenos amigos dos comerciantes que venden el mismo artículo.
Ninon de Lenclos (1620-1705),
cortesana francesa.

Una buena persona, según la mujer, es otra mujer que tiene la bondad de no ser bonita.
Pierre Marivaux (1688-1763), escritor francés.

Cuando las mujeres se besan, siempre recuerdan a los boxeadores profesionales cuando se estrechan las manos.
Henry-Louis Mencken (1880-1956),
escritor y editor estadounidense.

Cuando dos mujeres se hacen repentinamente amigas, es señal de que una tercera ha perdido dos amigas.
George Jean Nathan (1882-1958),
crítico y ensayista estadounidense.

Esa mujer habla dieciocho idiomas, pero no sabe decir «no» en ninguno de ellos.
Dorothy Parker (1893-1967),
escritora estadounidense.

La mujer nunca es tan vieja como dice su mejor amiga.
*Laurence J. Peter (1919-1990),
ensayista humorístico estadounidense.*

Si encuentras varias mujeres riñendo sigue adelante tu camino.
*Pitágoras de Samos (582-497 a. de C.),
filósofo griego.*

Mujerotas y mujerzuelas son para una mujer todas las mujeres que la han precedido en la vida de un hombre.
*Pitigrilli [Dino Segre] (1893-1975),
escritor italiano.*

Los años que una mujer se quita no se pierden; se añaden a los de las otras.
*Diana de Poitiers, marquesa de Valentinois (1499-1566),
cortesana francesa.*

Si Dios hubiera querido que las mujeres judías hicieran ejercicio, hubiera puesto diamantes en el suelo.
*Joan Rivers (1933),
presentadora de televisión estadounidense.*

Las mujeres visten igual en todo el mundo: se visten para fastidiare a las otras mujeres.
Elsa Schiaparelli.

Las mujeres tienen ojos de lince para ver las debilidades de las mujeres.
*Friedrich von Schiller (1759-1805),
escritor e historiador alemán.*

Celebro no ser un hombre, pues entonces tendría que casarme con una mujer.
*Madame de Stäel [Anne L. G. Necker]
(1766-1817), escritora francesa.*

Fealdad: dolencia que causa la desesperación de una mujer y la alegría de las otras.
*Pierre Veron (1833-1900),
escritor francés.*

No es difícil discernir la verdad cuando dos mujeres se acusan: las dos tienen razón.
Anónima.

EL HOMBRE

Es mejor ser hombre que mujer, porque hasta el hombre más miserable tiene una mujer a la cual mandar.
Isabel Allende (1942), escritora chilena.

A propósito, me gustaría decirte que la primera vez que Adán tuvo la oportunidad echó la culpa a la mujer.
Lady Nancy Astor (1879-1964),
política inglesa, nacida en Estados Unidos.

No me gustan los hombres que dejan tras de sí una senda humeante de mujeres llorosas.
W. H. Auden (1907-1973),
escritor inglés, afincado en los Estados Unidos.

He necesitado hacerme una lobotomía para ser igual a un hombre de Hollywood.
Roseanne Barr (Arnold) (1952),
actriz estadounidense.

A todo hombre que ha llegado alto le gusta pensar que lo ha conseguido todo por sí solo; y la mujer sonríe, y lo deja pasar. Es nuestro chiste privado. Toda mujer lo sabe.
James Matthew Barrie (1860-1937), escritor escocés.

El más mediocre de los hombres se cree un semidiós frente a una mujer.
Simone de Beauvoir (1908-1986),
escritora francesa.

Mujeres: no os enamoréis nunca de un hombre de genio porque al genio, en casa, solo le queda el mal genio.
Jacinto Benavente (1866-1954),
dramaturgo español.

Los hombres están convencidos de que las mujeres hemos venido al mundo para escuchar lo que ellos opinan sobre todas las cosas habidas y por haber.
Aline Bernstein.

Los hombres y las mujeres son falibles. La diferencia es que las mujeres lo saben.
Eleanor Bron.

Los hombres construyen puentes y tienden vías férreas a través de desiertos, y, no obstante, sostienen con éxito que coser un botón es tarea superior a ellos.
Heywood Broun (1888-1939),
periodista estadounidense.

Una simple sentencia bastaría para definir al hombre moderno: fornica y lee los periódicos.
Albert Camus (1913-1960),
escritor francés

Muéstrame a un hombre que lleve pañuelo, calcetines y corbata a juego y te mostraré a un hombre que lleva puesto un regalo de Navidad.
Frank Case.

Los hombres serán siempre lo que quieran las mujeres.
François R. Chateaubriand (1768-1848),
escritor y político francés.

Los hombres deberían ser como los kleenex: suaves, fuertes y desechables.
Cher [Cherylynn La Piere] (1946), cantante y
actriz estadounidense.

El hombre es un animal doméstico al que, si se le sabe amaestrar con suavidad y con firmeza, se le puede enseñar a hacer casi todo.
Jilly Cooper.

El hombre es el único macho que pega a su hembra. Es, pues, el más brutal de los machos, a menos que de todas las hembras, la mujer sea la más insoportable… Hipótesis, de hecho, muy factible.
Georges Courteline (1858-1929),
escritor y humorista francés.

Solo me gustan los hombres porque son hombres, porque no son mujeres.
Cristina de Suecia (1626-1689),
reina de Suecia.

Si los hombres tuvieran que tener los niños, solo tendrían uno.
Princesa Diana de Gales (1961-1997).

De cada diez mil hombres, hay siete u ocho mil que aman a las mujeres, quinientos o seiscientos que aman a la mujer, y uno que ama a una mujer.
Alejandro Dumas hijo (1824-1895), escritor francés.

Si él te dice que no te merece, créeselo.
Debbie Farson.

Un marido capaz de cocinar no es lo mismo que un marido capaz de hacer la compra, preparar la comida, reunir los ingredientes y limpiar el desastre después del ramalazo de inspiración.
Mary-Jo Fitzgerald.

A cierta edad, nos atraen más los brazos de un sillón que los de una mujer.
Gustave Flaubert (1821-1881), escritor francés.

Si yo tuviera una de esas cosas que cuelgan embutida en los pantalones, me pasaría el día sentada en casa mirándola, muerta de risa.
Dawn French.

Dale a un hombre la suficiente cuerda y escurrirá el bulto.
Zsa Zsa Gabor (1923), actriz estadounidense de origen húngaro.

Ser macho no prueba mucho.
Zsa Zsa Gabor (1923).

El hombre únicamente está en éxtasis cuando reza y cuando se afeita.
Christian Friedrich Hebbel (1813-1863), escritor alemán.

Las mujeres feas saben más sobre los hombres que las bellas.
Katharine Hepburn (1909-2003).

No hay cosa que demuestre mejor el carácter de un hombre o de un pueblo que la manera como tratan a las mujeres.
Johann Gottfried Herder (1744-1803), escritor prusiano.

Estoy frustrado por no ser capaz de saber lo que es estar embarazada, llevar dentro un niño y amamantarlo.
Dustin Hoffman (1937), actor estadounidense.

El hombre es el único bicho al que la época del celo le dura todo el año.
Enrique Jardiel Poncela (1901-1952), escritor español.

Los hombres con cosas simples. Pueden sobrevivir un fin de semana completo solo con tres cosas: cerveza, calzoncillos y pilas para el mando a distancia.
Diana Jordan.

Si los hombres pudieran quedar preñados, el aborto sería un sacramento.
*Florynce Kennedy (1916-2000),
abogada, escritora y feminista afroamericana.*

Las mujeres hablan porque quieren hablar, mientras que el hombre habla solo cuando algo externo a ellos les hace tomar la palabra... como, por ejemplo, que no encuentra calcetines limpios.
Jean Kerr (1923), escritor estadounidense.

Los teléfonos móviles son lo único de lo que los hombres se jactan de tener el más pequeño.
Neil Kinnock (1942), político galés.

Los hombres son criaturas muy simples. Emocionalmente son unos zoquetes.
Irma Kurtz.

Muchas mujeres estiman a los hombres solamente por su fuerza física y por su debilidad moral.
*Charles Lemesle (1731-1814),
industrial y escritor francés.*

Los hombres son bonsais emocionales. Tienes que poner en marcha su fertilizador para sacar algún sentimiento de ellos.
Kathy Lette.

El hombre se distingue de los demás animales en ser el único que maltrata a su hembra.
Jack London (1876-1916), escritor estadounidense.

Es feliz el hombre que tiene una mujer que le diga lo que hacer y una secretaria que lo haga.
Lord Mancroft (1914-1987), político británico.

El hombre es una criatura con dos piernas y ocho brazos.
Jayne Mansfield (1932-1967), actriz estadounidense.

Dios creó a la mujer de la costilla del hombre porque era lo único que le servía.
Dianny M. Martínez.

Es posible que los hombres sean más inteligentes que las mujeres, Pero todavía no he oído decir que una mujer se haya casado con un hombre estúpido solamente porque tenía un bonito par de piernas.
Germana Marucelli.

El hombre es solo tan viejo como la mujer que él se siente.
Groucho Marx (1895-1977), actor, humorista y escritor estadounidense.

¿No es la señorita Smith, hija del banquero multimillonario Smith? ¿No? Perdone, por un momento pensé que me había enamorado de usted.
Groucho Marx (1895-1977).

¿Quiere usted casarse conmigo? ¿Es usted rica? Conteste primero a la segunda pregunta.
Groucho Marx (1895-1977).

En la vida de cualquier hombre, aunque sea calvo, hay una Dalila.

*Jacinto Miquelarena (1891-1962),
escritor español.*

Un hombre encantador es aquel con quien todas las mujeres, menos la suya, quisieran estar casadas.

Jacinto Miquelarena (1891-1962).

El *Homo sapiens* está orgulloso de tener el mayor cerebro de todos los primates, pero intenta ocultar el hecho de que también tiene el mayor pene.

*Desmond Morris (1928),
zoólogo y ensayista estadounidense.*

Hay dos cosas que ningún hombre admitirá que no hace bien: conducir un coche y hacer el amor.

Stirling Moss (1929), piloto británico.

Las mujeres hacen la compra con una lista; los hombres la hacen igual que conducen: sin pedir instrucciones.

Patricia O'Connor.

Los hombres pueden dividirse en tres clases: los que creen ser donjuanes; los que creen haberlo sido y los que creen haberlo podido ser, pero no quisieron.

*José Ortega y Gasset (1883-1955),
filósofo y escritor español.*

A un hombre solo le pido tres cosas: que sea guapo, despiadado y estúpido.
*Dorothy Parker (1893-1967),
escritora estadounidense.*

Hombre insoportable es aquel a quien las mujeres se lo aguantan todo.
Prof. Pepeard (La Codorniz).

Nada es más humillante para un hombre que un delantal de plástico.
*Raine [condesa de Chambrun],
escritora francesa.*

La naturaleza ha preparado mejor a las mujeres para ser madres y esposas, que a los hombres para ser padres y maridos. Los hombres tienen que improvisar.
*Theodore Reik (1888-1970),
psicoanalista austro-estadounidense.*

Ningún hombre ha puesto sus manos sobre tu vestido buscando solo el carnet de una biblioteca.
*Joan Rivers (1933), presentadora
de televisión estadounidense.*

Como amantes, los hombres suelen ser más propensos a la práctica general que a la especialización.
*Helen Rowland (1875-1950),
escritora estadounidense.*

Hay solamente dos clases de hombres: el muerto y el mortífero.
>
> *Helen Rowland (1875-1950).*

En otras palabras, el macho, desde el punto de vista genético, es una hembra incompleta, un aborto con patas.
>
> *Valerie Solanas.*

Puede que las mujeres sean capaces de simular orgasmos, pero lo hombres pueden simular a una relación completa.
>
> *Sharon Stone (1958),*
> *actriz estadounidense.*

Los hombres no saben nada acerca del sufrimiento; nunca han experimentado los dolores del parto, el ir apretada o el ponerse un biquini.
>
> *Nan Tisdale.*

Lo único malo de los hombres es que no los tengo siempre cerca de mí.
>
> *Lana Turner (1921), actriz estadounidense.*

Todo hombre se ve un poco a sí mismo como Rhett Butler.
>
> *Ted Turner (1938), magnate de los medios*
> *de comunicación estadounidense.*

Hombre verdaderamente elegante es el que sigue produciendo la misma impresión seria en calzoncillos y camiseta.
Víctor Uve (La Codorniz) [Víctor Vadorrey].

Si queréis conocer la ingratitud del hombre, oídlo hablar de la mujer.
José María Vigil (1829-1909), escritor mexicano.

Hay tres clases de hombres: el intelectual, el guapo y la mayoría.
Anónima.

Las mujeres solteras se quejan de que los hombres buenos están casados. Las mujeres casadas se quejan de sus maridos. Esto prueba que los hombres buenos no existen.
Anónima.

Las mujeres tienen sus defectos. Los hombres tienen solamente dos: todo lo que dicen y todo lo que hacen.
Anónima.

Si se ha podido poner un hombre en la luna, ¿por qué no pueden ponerlos allí a todos?
Anónima.

El hombre como esposo y como amante

El camino hacia el corazón de un hombre pasa por el estómago de su mujer, y no lo olvides.
Edward Franklin Albee (1928),
dramaturgo estadounidense.

Hay dos cosas que el hombre no puede ocultar: que está borracho y que está enamorado.
Antífanes de Rodas (388-311 a. de C.),
comediógrafo griego.

Un hombre representa siete años más al día siguiente del matrimonio.
Francis Bacon (1561-1626),
filósofo y estadista inglés.

En todos sitios, antes de juzgar a un hombre, la gente escucha lo que piensa de él su mujer.
Honoré de Balzac (1799-1850),
escritor francés.

El problema con la vida es que hay tantas mujeres bellas y tan poco tiempo.
John Barrymore (1882-1942),
actor estadounidense.

Los hombres se casan no porque quieran tener mujer, sino porque las mujeres quieren tener marido.

Anselmo Bucci

Con placer obedecemos y veneramos a las mujeres; en cambio, nos fastidian todos los otros jefes.
*Wilhelm Busch (1832-1908),
dibujante y escritor alemán.*

Todo hombre enamorado es un loco de atar que no está atado.
*Ramón de Campoamor (1817-1901),
poeta español.*

Detrás de cada hombre con éxito hay una mujer que lo trata de inútil.
*Cantervill (1953),
poeta y cantautor argentino.*

El matrimonio es una lotería en la que los hombres apuestan por su libertad.
*Madame de Chateauneuf Riex (1550-1587),
líder social francesa.*

Dichosos los hombres que aman a la mujer con la que se casan, pero más dichoso aquel que ama a la mujer con la que está casado.
*Gilbert Keith Chesterton (1874-1936),
escritor inglés.*

El buen marido ama el hogar, como los buenos marinos aman el mar: a pesar de las tormentas.
Noel Clarasó (1905-1985), escritor español.

El ideal del hombre sería tener dos mujeres: una dentro de casa y otra fuera. Pero este ideal es difí-

cil de realizar porque a él se oponen encarnizadamente dos mujeres: la de dentro y la de fuera.
Noel Clarasó (1905-1985).

En el amor, el hombre lucha por la mujer; en el matrimonio lucha contra ella.
Noel Clarasó (1905-1985).

La mujer de otro, si nos gusta, tiene una ventaja: que ya es de otro. Y si no nos gusta, esta ventaja aparece mucho más clara.
Noel Clarasó (1905-1985).

Los hombres las prefieren rubias; principalmente los que se han casado con las morenas.
Noel Clarasó (1905-1985).

Los hombres se consuelan fácilmente de las tonterías que dicen las mujeres bonitas, al pensar en las tonterías que dicen las mujeres feas.
Noel Clarasó (1905-1985).

No importa que las mujeres nos fastidien; lo que no soportamos es que nos fastidie siempre la misma.
Noel Clarasó (1905-1985).

Si un hombre se casara con la mujer que merece lo pasaría muy mal.
Noel Clarasó (1905-1985).

El hombre tiende a enamorarse de la mujer que le pregunta lo que él sabe contestar.
*Ronald Colman (1891-1958),
actor estadounidense.*

Todas las mujeres que amamos se parecen a una mujer que no hemos conocido nunca.
León Daudí (1905-1985), escritor español.

Ciertas mujeres, el día siguiente de la boda son ya viudas del marido que habían imaginado.
*Maurice Donnay (1859-1945),
ingeniero y escritor francés.*

Pueden amar los pobres, los locos y hasta los falsos, pero no los hombres ocupados.
John Donne (1572-1631), poeta y clérigo inglés.

Ser marido es un oficio como otro cualquiera. Si a uno le gusta el jefe, tanto mejor.
Dan Duryea.

Hay una diferencia entre la belleza y el encanto. Una mujer bella es aquella en quien yo me fijo. Una mujer encantadora es aquella que se fija en mí.
*John Erskine (1879-1951),
escritor estadounidense.*

Detrás de cada hombre de éxito hay una buena mujer... exhausta.
*Sarah Ferguson, duquesa de York (1959),
ex princesa consorte británica.*

¡Demonios, si hubiera pescado a todas las señoras a las que se supone que he pescado, no hubiera tenido tiempo ni para ir a pescar!
Clark Gable (1906-1960),
actor estadounidense.

Los maridos son como fuegos. Se apagan en cuanto los desatiendes.
Zsa Zsa Gabor (1923),
actriz estadounidense de origen húngaro.

Un hombre enamorado está incompleto hasta que se casa. Después está acabado.
Zsa Zsa Gabor (1923).

El amor es el esfuerzo que hace un hombre para conformarse con una sola mujer.
Paul Geraldy (1885-1954),
escritor francés.

Detrás de cada gran hombre hay una mujer con nada que ponerse.
L. Grant Glickman.

Quería una mujer sirena para ahorrarse las medias.
Ramón Gómez de la Serna (1888-1963),
escritor satírico español.

El hombre comienza por amar al amor, y termina por amar a una mujer.
Rémy de Gourmont (1858-1914), escritor francés.

Cuando las mujeres hablan de problemas (...) el hombre supone que la mujer lo considera a él responsable.
John Gray.

Detrás de un gran hombre hay una gran mujer. ¿Por qué detrás?
Antonio Guerrero.

Cada hombre que he conocido se ha enamorado de Gilda y ha despertado conmigo.
Rita Hayworth (1918-1987), actriz estadounidense.

Los caballeros las prefieren rubias, pero se conforman con lo que pueden conseguir.
Don Herold (1889-1966), escritor satírico estadounidense.

El que pide la mano de una mujer, lo que realmente desea es el resto del cuerpo.
Enrique Jardiel Poncela (1901-1952), escritor español.

Los senos de la mujer son la única persistencia del hombre; los coge al nacer y ya no los suelta hasta morir de viejo.
Enrique Jardiel Poncela (1901-1952).

Los hombres raramente pasan de una chica que los sobrepasa.
Franklin P. Jones (1921), escritor británico.

El castigo de aquellos que han amado demasiado a las mujeres es amarlas siempre.
Joseph Joubert (1754-1824), moralista francés.

Cuando el hombre resuelve casarse, esa es quizá la última decisión libre de su vida.
Kenneth L. Krichbaum.

Inteligencia es lo que el hombre busca en la mujer cuando ya se ha cerciorado de que tiene todo lo demás.
Antonio Lamar.

Como suele pasar, hay una gran mujer detrás de cada idiota.
John Lennon (1940-1980), cantante y compositor inglés, co-fundador de The Beatles [Aludiendo a su pareja, Yoko Ono.]

Desde luego, hay hombres que no saben ya qué hacer para organizar un congreso lo suficientemente lejos como para que no les acompañen sus mujeres.
Elvira Lindo (1962), escritora española.

Un hombre que piensa no en una mujer como en el complemento del sexo, sino en el sexo como

complemento de una mujer, está maduro para el amor: tanto peor para él.
André Malraux (1901-1976),
escritor y político francés.

Detrás de cada gran hombre hay una gran mujer. Y detrás de esta, está su esposa.
Groucho Marx (1895-1977),
actor, humorista y escritor estadounidense.

He pasado la mejor noche de mi vida, pero no ha sido esta.
Groucho Marx (1895-1977).

Con frecuencia, el hombre busca una diversión y encuentra una compañera.
André Maurois (1885-1967),
escritor francés.

El amor a lo don Juan no es más que afición a la caza.
André Maurois (1885-1967).

Era lo que un hombre ha de ser siempre para una mujer: muy dulce y, sin embargo, un guía.
André Maurois (1885-1967).

El amor es la falsa ilusión de que una mujer es diferente a cualquier otra.
Henry-Louis Mencken (1880-1956),
escritor y editor estadounidense.

Los hombres tienen un mejor dominio de la oportunidad: por un lado, se casan más tarde; por otro, mueren antes.
Henry-Louis Mencken (1880-1956).

El amor es a don Juan lo que la quiebra al comercio.
Jacinto Miquelarena (1891-1962),
escritor español.

Solo está enamorado de una mujer quien se enamora de ella a cada instante.
Jacinto Miquelarena (1891-1962).

Los maridos no son nunca amantes tan maravillosos como cuando están traicionando a su mujer.
Marilyn Monroe (1926-1962),
actriz estadounidense.

La fantasía de cada australiano es tener dos mujeres: una para quitar el polvo y otra para echarlo.
Maureen Murphy.

Cuando un hombre casado dice que lo va a pensar, es que todavía no sabe lo que opina su esposa.
Eduardo Oréfice.

Triste es llegar a una edad en que todas las mujeres agradan y no es posible agradar a ninguna.
Armando Palacio Valdés (1853-1938),
escritor español.

El perfecto caballero sabe describir la belleza de Gina Lollobrigida sin dibujar con las manos curvas en el aire.
Pitigrilli [Dino Segre] (1893-1975), escritor italiano.

Ninguna mujer arruina a un hombre que no merezca la ruina.
Prof. Pepeard (La Codorniz)

No huyas de las mujeres durante la juventud, si no quieres correr ridículamente tras de ellas en la vejez.
Santiago Ramón y Cajal (1852-1934), médico e histólogo español.

A la sombra de un hombre célebre, hay siempre una mujer que sufre.
Jules Renard (1864-1910), escritor francés.

Marido: Un hombre que dicta la ley en su casa, pero que acepta numerosas enmiendas.
Jean Rostand (1893-1977), biólogo francés.

En el amor, ningún hombre es serio hasta que comienza a hacer el oso.
Helen Rowland (1875-1950), escritora estadounidense.

El que hace feliz a una mujer es un buen hombre. El que hace felices a muchas es un sinvergüenza.
Santiago Rusiñol (1861-1931), pintor y escritor español.

No hay marido peor que el mejor de los hombres.
> *William Shakespeare (1564-1616),*
> *dramaturgo inglés.*

Enamorarse es exagerar enormemente la diferencia entre una mujer y otra.
> *George Bernard Shaw (1856-1950),*
> *escritor irlandés.*

Si fueran verdad todos los ligues que me atribuyen, hoy estaría en un frasquito de alcohol en la Universidad de Harvard.
> *Frank Sinatra (1915-1998),*
> *cantante y actor estadounidense.*

El millonario teme que las mujeres se enamoren de él por su dinero. Hay que reconocer que inteligencia no le falta.
> *Víctor Uve (La Codorniz) [Víctor Vadorrey]*

¡Qué fatigas pasa un hombre cuando quiere a una mujer!
> *Ricardo de la Vega (1840-1909),*
> *sainetero español.*

Cuando las mujeres se equivocan, los hombres van derechitos detrás de ellas.
> *Mae West (1893-1981),*
> *actriz cinematográfica estadounidense.*

Admiro a los hombres que han pasado de los setenta; siempre ofrecen a las mujeres un amor para toda la vida.

Oscar Wilde (1854-1900),
escritor irlandés.

Cualquier hombre puede llegar a ser feliz con una mujer, con tal de que no la ame.

Oscar Wilde (1854-1900).

Cuando un hombre ha amado una vez a una mujer, hará por ella cualquier cosa, excepto seguir amándola.

Oscar Wilde (1854-1900).

Cuando un hombre se casa por segunda vez es porque adoraba a su primera mujer.

Oscar Wilde (1854-1900).

¡Cuánto arruina el matrimonio al hombre! Es tan desmoralizante como los cigarrillos y mucho más caro.

Oscar Wilde (1854-1900).

Los hombres son terriblemente aburridos cuando son buenos maridos, e increíblemente engreídos cuando no lo son.

Oscar Wilde (1854-1900).

Una chica en la cama es mejor que dos en el coche.

Dicho estadounidense.

Soy irresistible... todas la mujeres me abandonan.
Pintada anónima.

Viejo verde busca chica ecologista.
Pintada anónima.

El hombre promete hasta que la mete, y después de haber metido, nada de lo prometido.
Proverbio.

El hombre tiene la edad de la mujer a la que ama.
Proverbio chino.

La mujer y el vino sacan al hombre de tino.
Refrán español.

Busto: Estatua de un hombre sin manos, o parte de las mujeres donde están las manos del hombre.
Anónima .

Cuando un hombre le abre la puerta del coche a su mujer, uno de los dos, la mujer o el coche, son nuevos.
Anónima.

Detrás de cada gran hombre hay una mujer que no se casó conmigo.
Anónima.

Detrás de cada gran hombre hay una mujer recordándole que podría haberlo hecho mejor.
Anónima.

Detrás de cada hombre con éxito hay una mujer sorprendida.
Anónima.

Detrás de todo gran hombre hay una gran mujer..., menos la mía que siempre va por delante.
Anónima.

Los hombres sí comprenden a las mujeres; pero fingen que no las entienden porque así les resulta más barato.
Anónima.

Los hombres suelen llamar zoqueta a la mujer que les gusta y que no les hace caso.
Anónima.

Un caballero es alguien que, cuando invita a una señorita a subir a ver su colección de sellos, le enseña su colección de sellos.
Anónima.

LO QUE NOS UNE Y LO QUE NOS SEPARA

El debate es masculino; la conversación es femenina.
*Louise May Alcott (1832-1888),
escritora estadounidense.*

Las piernas permiten a los hombres andar y a las mujeres hacer su camino.
Alphonse Allais (1855-1905), escritor francés.

Los hombres tienen el poder de elegir, las mujeres de rechazar.
Jane Austen (1775-1817), novelista inglesa.

En las mujeres, el instinto equivale a la perspicacia de los grandes hombres.
*Honoré de Balzac (1799-1850),
escritor francés.*

El hombre ama poco y a menudo; la mujer mucho y raramente.
Jan Basta (1860-1936), escritor checoslovaco.

El hombre sería el más extraño animal del mundo, si no existiera la mujer.
*Jacinto Benavente (1866-1954),
dramaturgo español.*

Una mujer conservará un grato recuerdo del hombre que quiso casarse con ella; el hombre, en cambio, adorará la memoria de la mujer que no quiso casarse con él.
V. Brothers Shore.

En materia de ingratas e ingratos venimos a salir tantas a tantos.
Ramón de Campoamor (1817-1901), poeta español.

La mujer perdona las infidelidades, pero no las olvida. El hombre olvida las infidelidades, pero no las perdona.
Severo Catalina (1832-1871), político y escritor español.

Los hombres creen que las mujeres son peores que ellos y las mujeres creen que son peores los hombres; pero ambos se equivocan.
Noel Clarasó (1905-1985), escritor español.

En la guerra de los sexos, la desconsideración es el arma del hombre; el afán de venganza, el de la mujer.
Cyril Connolly (1903-1974), ensayista, escritor y crítico inglés.

Los hombres entienden las discusiones como el arte de hacer callar al adversario; las mujeres como el arte de no dejar la posibilidad de hablar.
Fritz Eckhardt (1907-1962), actor y autor austriaco.

Cuando un hombre se echa para atrás, retrocede de verdad. Una mujer solo retrocede para coger más carrerilla.
Zsa Zsa Gabor (1923), actriz estadounidense.

Lo que la noche es al día, la mujer es al hombre.
Marcus Garvey (1887-1940), filósofo estadounidense.

El hombre perdona y olvida; la mujer solo perdona.
Filippo Gerfaut [Madame Dardenne] (1847-1919), escritora francesa.

Las mujeres aman cuanto pueden, y los hombres cuanto quieren.
Filippo Gerfaut [Madame Dardenne] (1847-1919).

Las mujeres tienen más imaginación que los hombres. La necesitan para decirnos cuán maravillosos somos.
Arnold H. Glasgow, académico estadounidense.

Lo que defiende a las mujeres es que piensan que todos los hombres son iguales, mientras lo que pierde a los hombres es que creen que todas las mujeres son diferentes.
Ramón Gómez de la Serna (1888-1963), escritor satírico español.

El hombre hace; la mujer, es.
Robert Graves (1895-1986), escritor británico.

La mayor desgracia de la humanidad radica en que las mujeres han nacido para casadas mientras que los hombres hemos nacido para solteros.
Sacha Guitry (1885-1957),
dramaturgo y actor ruso nacionalizado francés.

El hombre que se ríe de todo es que todo lo desprecia. La mujer que se ríe de todo es que sabe que tiene una dentadura bonita.
Enrique Jardiel Poncela (1901-1952),
escritor español.

Lo peor de la humanidad son los hombres y las mujeres.
Enrique Jardiel Poncela (1901-1952).

La mujer para el hombre es un fin; el hombre, para la mujer, es un medio.
Alphonse Karr (1808-1890),
novelista francés.

La intuición de una mujer es más precisa que la certeza de un hombre.
Rudyard Kipling (1865-1936),
escritor inglés de origen indio.

La gran diferencia entre el hombre y la mujer es que la mujer hiere por despecho y el hombre hiere sin razón.
Ledith P. Lugo.

No puedo decir si las mujeres son mejores que los hombres; pero puedo decir que no son ciertamente peores.
Golda Meir (1898-1978), estadista israelí.

En la guerra de los sexos, la mujer combate desde un acorazado y el hombre desde una balsa.
Henry-Louis Mencken (1880-1956), escritor y editor estadounidense.

Es más fácil acusar a un sexo que excusar al otro.
Michel de Montaigne (1533-1592), filósofo francés.

La mujer comprende al niño mucho mejor que el hombre, pero el hombre es más niño que la mujer.
Friedrich Nietzsche (1844-1900), filósofo alemán.

Los hombres miran a las mujeres para verlas; las mujeres miran a los hombres para ser vistas.
Jacques Normand (1848-1931), escritor francés.

Los hombres apetecen todo lo que no tienen. Las mujeres solo ambicionan lo que otras mujeres poseen.
Louis Auguste Pétiet (1784-1858), político e historiador francés.

Los hombres son más elocuentes que las mujeres, pero las mujeres poseen un mayor poder de persuasión.
Randolph (1605-1635), escritor inglés.

Las mujeres muy comúnmente solo recuerdan a los hombres que las han hecho reír; los hombres, solo a las mujeres que les hicieron llorar.
*Henri F. de Regnier (1864-1936),
escritor francés.*

Las mujeres son capaces de todo; y los hombres son capaces de todo lo restante.
Henri F. de Regnier (1864-1936).

En nuestra civilización, los hombres temen no ser lo bastante hombres, y las mujeres ser consideradas solo mujeres.
*Theodore Reik (1888-1970),
psicoanalista austro-estadounidense.*

Los hombres hacen las obras, pero las mujeres hacen los hombres.
*Romain Rolland (1866-1944),
escritor francés.*

En cuanto a lo que tienen en común los dos sexos, son iguales. En cuanto a lo que tienen de diferentes, no admiten comparación.
*Jean Jacques Rousseau (1712-1778),
escritor y filósofo francés.*

Los hombres engañan más que las mujeres; las mujeres, mejor.
*Joaquín Sabina (1949),
cantautor y poeta español.*

Un hombre y una mujer son hasta tal punto la misma cosa que casi no se entiende la cantidad de distinciones y de razonamientos sutiles de los cuales se nutre la sociedad sobre este argumento.
Georges Sand [Aurore Dupin] (1804-1876),
escritora francesa.

Los hombres no siempre aman lo que quieren; las mujeres no siempre quieren lo que aman.
Joseph Sanial-Dubay (1754-1817),
escritor francés.

El hombre hace leyes; la mujer, modales.
Vizconde de Segur (1756-1805),
escritor francés.

Los hombres dicen de las mujeres lo que les gusta; las mujeres hacen con los hombres lo que les place.
Vizconde de Segur (1756-1805).

El problema de las mujeres es casarse cuanto antes, y el de los hombres permanecer solteros tanto como puedan.
George Bernard Shaw (1856-1950),
escritor irlandés.

Lo más maravilloso de los hombres viriles es algo femenino; lo más maravilloso de las mujeres femeninas es algo masculino.
Susan Sontag (1933),
escritora francesa.

El honor en el hombre consiste en no tocar los bienes ajenos; en la mujer en no dejarse tocar los bienes propios.
Renato Taddei.

Si quieres que algo se diga, pídeselo a un hombre. Si quieres que algo se haga, pídeselo a una mujer.
Margaret Thatcher (1925),
estadista inglesa.

Cuando un hombre sufre un accidente en la vía pública, echa una mirada a su cartera; la mujer, se echa una mirada en el espejo.
Margaret Turnbull,
escritora estadounidense.

Hasta cuando la mujer tiene menos inteligencia, tiene más sentido común que el hombre.
Miguel de Unamuno (1864-1936),
escritor español.

Las mujeres son tan viejas como ellas se sienten, y los hombres son viejos cuando pierden sus sentimientos.
Mae West (1893-1981),
actriz estadounidense.

Los hombres quieren ser el primer amor de la mujer; las mujeres, más inteligentes, quieren ser el último amor del hombre.
Oscar Wilde (1854-1900),
escritor irlandés.

Los hombres juegan el juego; las mujeres saben cómo va el resultado.

Roger Woddis.

El hombre está diseñado para caminar cuatro kilómetros bajo la lluvia para telefonear y pedir ayuda al romperse el coche. Y la mujer está diseñada para decir «tómate tu tiempo» cuando el hombre vuelve chorreando.

Victoria Wood,
dramaturga británica contemporánea.

A los niños les gusta jugar con soldaditos, y a las niñas, con muñecas. Cuando son mayores es al revés.

Nina Yomerowska.

El hombre tiene dos ojos para ver, la mujer para ser vista.

Proverbio chino.

El oro se prueba con el fuego; la mujer, con el oro; y el hombre, con la mujer.

Refrán español.

Si un hombre se detiene en una acera y mira a una mujer que se desnuda junto a la ventana es considerado un mirón. Si un hombre se desnuda en una ventana y una mujer le mira desde la acera es considerado un exhibicionista.

Anónima.

LA GUERRA DE LOS SEXOS

MUJERES EN PIE DE GUERRA

Al tener un bebé es cuando la teoría feminista colisiona con la realidad en un estruendoso choque.
Dianne Abbott.

Todas las madres podrían desempeñar el trabajo de varios controladores de tráfico aéreo con facilidad.
Lisa Alther (1944),
escritora contemporánea.

Emancipar a las mujeres es corromperlas.
Honoré de Balzac (1799-1850),
escritor francés.

Las mujeres son más infelices cuanto más tratan de liberarse.
Brigitte Bardot (1934),
actriz francesa.

Una carrera científica para las mujeres es ahora casi tan aceptable como ser porrista.
Myra Barker

El camino más rápido al corazón del hombre es a través de su pecho.
> *Roseanne Barr (Arnold) (1952),*
> *actriz estadounidense.*

¿Has leído lo de esa mujer que apuñaló a su marido treinta y siete veces? Admiro su moderación.
> *Roseanne Barr (Arnold) (1952).*

Las mujeres deberían intentar incrementar su talla mejor que reducirla, porque creo que cuanto más grandes seamos, de más espacio nos apropiaremos y más en serio seremos tomadas.
> *Roseanne Barr (Arnold) (1952).*

Lo que les falta aprender a las mujeres es que nadie da el poder. Hay que tomarlo.
> *Roseanne Barr (Arnold) (1952).*

Cuando un individuo es mantenido en situación de inferioridad, el hecho es que se convierte en inferior.
> *Simone de Beauvoir (1908-1986),*
> *escritora francesa.*

El problema de la mujer siempre ha sido un problema de hombres.
> *Simone de Beauvoir (1908-1986).*

La ideología cristiana contribuye en mucho a la opresión de la mujer.
Simone de Beauvoir (1908-1986).

No estoy contra las madres. Estoy contra la ideología que espera que cada mujer tenga hijos, y estoy contra las circunstancias bajo las cuales las madres tienen que tener a sus hijos.
Simone de Beauvoir (1908-1986).

Una no nace mujer, se hace.
Simone de Beauvoir (1908-1986).

Los hombres dicen que les gusta la independencia en una mujer, pero no desperdician ni un segundo en demolerla ladrillo a ladrillo.
Candice Bergen (1946), actriz estadounidense.

Las sufragistas fueron unas triunfadoras: el lugar de una mujer es la cárcel.
Caryl Brahme

Cuando Hugh Hefner [dueño de *Playboy*] aparezca con un rabo de algodón pegado al trasero, entonces tendremos la igualdad.
Susan Brownmiller (1935), periodista, escritora y feminista estadounidense.

Como los hombres pusieron la ley a su parecer, dejaron a la mujer lo peor.
Pedro Calderón de la Barca (1600-1681).

No sé por qué las mujeres quieren todas las cosas que tienen los hombres cuando una de las cosas que las mujeres tienen son los hombres.
*Coco Chanel (1883-1971),
diseñadora de moda francesa.*

Veinte millones de muchachas se alzan sobre sus pies con el grito: «No seguiremos sus dictados», y rápidamente se hacen estenógrafas.
*Gilbert Keith Chesterton (1874-1936),
escritor inglés.*

Tremendas cantidades de talento se pierden en nuestra sociedad porque ese talento viste falda.
Shirley Chisholm (1924), política afroamericana.

La mujer que se cree inteligente reclama los mismos derechos que el hombre. Una mujer que es inteligente, renuncia a ello.
*Sidoine-Gabrielle Colette (1873-1954),
escritora francesa.*

Las mujeres libres no son mujeres.
Sidoine-Gabrielle Colette (1873-1954).

Una mujer que permanece mujer es un ser completo.
Sidoine-Gabrielle Colette (1873-1954).
La vida es demasiado corta para rellenar champiñones.
Shirley Conran (1932).

Cuando un hombre da su opinión es un hombre.
Cuando una mujer da su opinión es una puta.
Bette Davis (1908-1989),
actriz estadounidense.

¿Un ministerio de la condición femenina? ¿Y por qué no un vicesecretariado de hacer punto?
Charles De Gaulle (1890-1970),
militar y estadista francés.

Si los hombres tuvieran que tener niños, solo tendrían uno.
Princesa Diana de Gales (1961-1997),
princesa consorte inglesa.

No hay ningún hombre en cuyo carnet de identidad figure, como profesión, sus labores.
Ana Diosdado (1939), dramaturga española.

La mujer está donde le corresponde. Millones de años de evolución no se han equivocado, pues la naturaleza tiene la capacidad de corregir sus propios defectos.
Albert Einstein (1879-1955),
físico alemán, nacionalizado suizo y luego estadounidense.

El logro más importante del movimiento feminista en la década de los setenta fue que cada uno se pagara lo suyo.
Nora Ephron (1941),
escritora estadounidense.

Cuando la mujer moderna descubrió el orgasmo fue —combinado con el control de natalidad— quizás el mayor clavo maestro del ataúd de la dominación masculina.

Eva Figes (1932),
escritora británica.

El peor enemigo de las mujeres es su abnegación.
Betty Friedan (1921),
escritora feminista estadounidense.

¿Quién sabe lo que las mujeres podrán llegar a ser cuando, finalmente, sean libres de ellas mismas?

Betty Friedan (1921).

La mujer tiene un solo camino para superar en méritos al hombre: ser cada vez más mujer.
Ángel Ganivet (1865-1898),
escritor, periodista y diplomático español.

La verdadera igualdad se producirá cuando haya tantas mujeres tontas como hombres tontos en cargos importantes.

María Ángeles García.

No hay una mente femenina. El cerebro no es un órgano sexual. Se debe hablar mejor de un hígado femenino.

Charlotte Perkins Gilman (1860-1935),
feminista estadounidense.

La mujer será realmente igual al hombre el día en que se designe a una mujer incompetente para un puesto importante.
Françoise Giraud.

Una mujer votando a favor del divorcio es como un turco votando a favor de la Navidad.
Alice Glynn.

Las mujeres han aprendido que aparentar que se rinden es la única manera de gobernar.
Sarah Moore Grimke.

Nadie debería discutir más sobre los derechos de las mujeres. Es como discutir por los terremotos.
*Lillian Hellmann (1905-1984),
escritora estadounidense.*

La única forma en que las mujeres podrían tener iguales derechos en nuestros días sería renunciando a alguno.
Burton Hillis.

Es el momento de dejar de negar a la puta interna de nosotras mismas. Dejar de pedir perdón por ella. Sacarla fuera.
Elizabeth Hilts.

El lugar de la mujer en los dominios del sexo refleja su sitio en el resto de la sociedad.
Shere Hite, sexóloga estadouninse.

Una mujer tiene que ser el doble de buena que un hombre para llegar la mitad de lejos que él.
*Fannie Hurst (1889-1968),
novelista estadounidense.*

En la vida práctica, la mujer es juzgada por la ley del hombre, como si ella fuera un hombre, no una mujer.
*Henrik Ibsen (1828-1906),
escritor noruego.*

Nuestra sociedad es masculina, y hasta que no entre en ella la mujer, no será humana.
*Henrik Ibsen (1828-1906),
escritor noruego.*

El mundo del hombre está en dificultades y, a pesar de ello, las mujeres están resueltas a meterse de lleno en él y ponerse a trabajar en sus problemas.
*Elizabeth Janeway (1913),
intelectual estadounidense.*

El hombre se hace feminista cuando no sabe ya cómo agradar a las mujeres. Y la mujer se hace feminista cuando no sabe ya cómo agradar a los hombres.
*Enrique Jardiel Poncela (1901-1952),
escritor español.*

Las chicas tienen bolas. Simplemente las tienen un poco más arriba, eso es todo.
Joan Jett.

Estamos tan condicionados por los valores masculinos, que hemos cometido el error de emularlos al precio de nuestra propia femineidad.
*Petra Kelly (1948),
ecologista y feminista alemana.*

Me hice feminista como alternativa a hacerme masoquista.
Sally Kempton (1943), periodista estadounidense.

Hay unos cuantos trabajos que requieren un pene o una vagina. Todos los demás deberían estar abiertos a todos.
Florynce Kennedy (1916-2000), abogada, escritora y feminista afroamericana.

No estoy a favor de las mujeres, sino en contra de los hombres.
*Karl Kraus (1874-1936),
escritor y filósofo austriaco.*

La mujer prefiere tener belleza que cerebro porque sabe que el hombre puede ver mucho mejor que pensar.
The Ladies' Home Journal

Las mujeres que buscan ser iguales a los hombres carecen de ambición.
Timothy Leary (1920-1996), psicólogo estadounidense, teórico de la cultura psicodélica.

Los hombres solo se autoproclaman feministas con la esperanza de conseguir una jodienda más inteligente.
Kathy Lette.

Muchas mujeres quieren ser iguales a los hombres. Afortunadamente, también están las inteligentes.
Príncipe de Ligne [Charles Joseph de] (1735-1814), escritor belga.

Ninguna mujer se ha perdido sin la ayuda de un hombre.
Abraham Lincoln (1809-1865), estadista estadounidense.

Estoy furiosa con las feministas. Ellas siguen subiéndose encima de cajas de detergente y proclamando que las mujeres son más brillantes que los hombres. Esto es verdad, pero deberían callarse o arruinarán el tinglado.
Anita Loos (1893-1981), escritora estadounidense.

La mujer actual tiene una obsesión por ser igual que el hombre, y no sé por qué, si el hombre es un pobre diablo desorientado.
*Antonio López (1936),
pintor español.*

Quienes se oponen al ascenso de las mujeres a posiciones más elevadas no son sus jefes, sino las secretarias de sus jefes.
Lore Lorentz.

Pero si Dios ha querido que nosotras pensemos con nuestros úteros, ¿por qué nos dio un cerebro?
*Clare Boothe Luce (1903-1987),
política y diplomática estadounidense.*

No me importa vivir en el mundo del hombre mientras pueda seguir siendo una mujer.
*Marilyn Monroe (1926-1962),
actriz estadounidense.*

Siempre he dicho que la verdadera liberación de las mujeres pasa por reclamar nuestro derecho a ser imbéciles.
*Rosa Montero (1951),
periodista y novelista española.*

Ni el cerebro ni el corazón tienen sexo.
*Pilar Narvión (1930),
periodista española.*

Qué equivocado es para la mujer esperar que el hombre construya el mundo que ella quiere, más que ponerse a construirlo ella misma.
*Anaïs Nin (1903-1977), escritora francesa,
nacionalizada estadounidense.*

El voto, pienso, no significa nada para las mujeres. Deberíamos ser armadas.
*Edna O'Brien (1936),
escritora irlandesa.*

La mujer es el negro del mundo.
*Yoko Ono (1933), artista estadounidense nacida en
Japón, esposa de John Lennon.*

La educación de la mujer no puede llamarse tal educación, sino doma, pues se propone por fin la obediencia, la pasividad y la sumisión.
*Emilia Pardo Bazán (1851-1921),
escritora española.*

Cualquier mujer que aspire a comportarse como un hombre seguro que carece de ambición.
*Dorothy Parker (1893-1967),
escritora estadounidense.*

Feminista es la mujer que no consiguiendo tener éxito como mujer trata de tenerlo como hombre.
*Pitigrilli [Dino Segre] (1893-1975),
escritor italiano.*

La igualdad entre los hombres y las mujeres será alcanzada cuando una mujer con la cabeza hueca pueda llegar tan lejos como un hombre con esta misma característica.
Estella R. Ramey.

No creeré en la emancipación política de la mujer mientras no la vea emanciparse primero de la tiranía del modisto.
*Santiago Ramón y Cajal (1852-1934),
médico e histólogo español.*

Rasca a la mayoría de las feministas y debajo hay una mujer que ansía ser un objeto sexual. La diferencia es que no es todo lo que ansía ser.
Betty Rollin, feminista estadounidense.

Estados Unidos es el único matriarcado en que las mujeres luchan por su igualdad.
A. Roth.

La dominación masculina ha tenido muy desafortunados efectos. Ha hecho de la más íntima de las relaciones humanas, que es el matrimonio, una de amo y esclava, en vez de una entre socios iguales.
*Bertrand Russell (1872-1970),
filósofo y matemático inglés.*

Dios hizo al hombre, y luego se dijo: «Puedo hacerlo mejor», e hizo a la mujer.
*Adele Rogers SaintJohn (1894-1988),
periodista y escritora estadounidense.*

Tengo un cerebro y un útero, y uso ambos.
*Patricia Schroeder (1940), política y
abogada estadounidense.*

El feminismo es una apelación al buen sentido de la humanidad.
*Mary W. Shelley (1797-1851),
escritora británica.*

Por lo que a mí concierne, ser un género es una rémora.
*Patti Smith (1946),
cantante de rock estadounidense.*

Un ginecólogo masculino es como un mecánico de automóviles que nunca hubiera tenido un coche.
*Carrie Snow,
humorista y feminista estadounidense.*

El cincuenta por ciento de las mujeres de este país no tienen orgasmos. Si eso también ocurriera con la población masculina, sería declarado una emergencia nacional.

Margo St.James

La ciencia social afirma que el lugar de una mujer en la sociedad señala el nivel de civilización.
Elizabeth Cady Stanton (1815-1902), feminista estadounidense.

No encontré nada grande en la historia de los judíos ni en las enseñanzas inculcadas por el Pentateuco. No sé de ningunos otros libros que enseñen tan claramente la sujeción y degradación de las mujeres.
Elizabeth Cady Stanton (1815-1902).

Algunas de nosotras nos estamos convirtiendo en los hombres con los que nos hubiera gustado casarnos.
Gloria Steinem (1934), escritora y feminista estadounidense.

En el fondo de mi corazón, creo que la mujer tiene dos opciones: o es feminista o masoquista.
Gloria Steinem (1934).

Un feminista es cualquiera que reconozca la igualdad y la completa humanidad de hombres y mujeres.
Gloria Steinem (1934).

Una mujer leyendo el *Playboy* se siente un poco como un judío leyendo un manual nazi.
Gloria Steinem (1934).

Una mujer necesita a un hombre como un pez necesita una bicicleta.
> *Gloria Steinem (1934).*

Los siete caprichos mortales: nuevos labios que besar, liberarse de los convencionalismos, un nuevo mundo para las mujeres, no más carabinas, vivir sin zancadillas, el sencillo estándar moral y nuestro propio juego de llaves.
> *Gloria Swanson (1899-1983),*
> *actriz estadounidense.*

Cuando mi ayudante es un hombre, todo el mundo, invariablemente, piensa que él es mi jefe.
> *Dianne Tammes (1939),*
> *cámara de televisión británica.*

El gallo gallea, pero la gallina pone los huevos.
> *Margaret Thatcher (1925).*

En cuanto se concede a la mujer la igualdad con el hombre, se vuelve superior a él.
> *Margaret Thatcher (1925).*

No le debo nada al Movimiento Feminista.
> *Margaret Thatcher (1925).*

Una vez que la mujer se haga igual al hombre, se convertirá en su superior.
> *Margaret Thatcher (1925).*

Los hombres no saben nada acerca del sufrimiento; nunca han experimentado los dolores del parto, el ir apretada o el ponerse un biquini.
Nan Tisdale.

La esclavitud de la mujer es tan antigua que a menudo somos incapaces de comprender el abismo legal que las separa de nosotros.
León Tólstoi (1828-1910),
escritor ruso.

En la escala del amor, la mujer está unos peldaños por encima del hombre. El día en que el amor domine sobre la violencia, la mujer será la reina del mundo.
Flora Tristan (1803-1844),
feminista francesa.

No me interesa nada la emancipación de la mujer. ¡Cómo si una fuera idiota! Yo prefiero que un hombre trabaje para mí.
Esther Vilar (1936),
escritora y ensayista.

La gente me llama feminista siempre que expreso sentimientos que me diferencian de una maruja o de una prostituta.
Rebecca West (1892-1983),
periodista y escritora angloirlandesa.

Todo lo que las mujeres hacen lo han de hacer el doble de bien que los hombres para ser consideradas la mitad de buenas. Afortunadamente, eso no es difícil.

Charlotte Whitton (1896-1975),
escritora estadounidense.

Hay que mejorar la condición femenina. Las cocinas son demasiado pequeñas, los fregaderos demasiado bajos y los mangos de las cacerolas están mal aislados.

George Wolinski.

No quisiera que las mujeres tuvieran poder sobre los hombres, sino sobre ellas mismas.

Mary Wollstonecraft (1759-1797),
feminista inglesa.

Estoy dispuesto a reconocer la superioridad de la mujer con tal de no admitir su igualdad con los hombres.

Anónima.

La mujer, a medida que va adquiriendo derechos, va perdiendo privilegios.

Anónima.

Nosotras parimos, nosotras decidimos.

Anónima
[Eslogan abortista español].

¿Por qué deben ser las mujeres más guapas que listas? Porque el hombre ve mejor de lo que piensa.
Anónima.
[Eslogan del Partido Verde alemán].

Si los hombres pudieran quedarse embarazados, el aborto sería un sacramento.
Anónima .
[Postal realizada por el Centro de Derechos Constitucionales].

LOS RESCOLDOS DEL MACHO MORIBUNDO

¿Qué es la mujer? Confundimiento del hombre, bestia que nunca se harta, cuidado que no tiene fin, guerra que nunca queda, peligro del hombre que no tiene en sí mesura.
Alfonso X el Sabio (1221-1284),
rey de Castilla y León.

Un caballero es cualquier hombre que no golpearía a una mujer con el sombrero puesto.
Fred Allen (1894-1956),
escritor estadounidense.

La mujer no es más que el hombre imperfecto.
Averroes (1126-1198),
filósofo y sabio árabe cordobés.

¿Por qué no han puesto a las mujeres una etiqueta en la frente que diga: «Peligro, las Autoridades Sanitarias advierten que las mujeres pueden perjudicar seriamente los cerebros, los genitales, las cuentas corrientes, la confianza, las hojas de afeitar y el buen entendimiento con los amigos»?

Jeffrey Barnard (1932),
periodista británico.

Amar a las mujeres inteligentes es un placer de pederasta.

Charles Baudelaire (1821-1867),
poeta francés.

Los hombres siempre se ponen de acuerdo cuando se trata de juzgar a las mujeres.

Jacinto Benavente (1866-1954),
dramaturgo español.

Los hombres dicen que les gusta la independencia en una mujer, pero no desperdician ni un segundo en demolerla ladrillo a ladrillo.

Candice Bergen (1946),
actriz estadounidense.

Cuanto más conozco a los hombres, menos los quiero; si pudiese decir otro tanto de las mujeres me iría mucho mejor.

Lord Byron (1788-1824),
poeta inglés.

Todos suponen que soy un cerdo machista, que voy por la vida asaltando chicas. Lo hago, pero primero pongo una almohada debajo.
*James Caan (1940),
actor estadounidense.*

¡Deliciosa, maldita, querida y destructora mujer!
*William Congreve (1670-1729),
dramaturgo y poeta inglés.*

Una mujer bella con cerebro es como una mujer bella patizamba.
*Bernard Cornfeld (1927),
empresario británico.*

El juicio en la mujer es una cualidad tan rara como la sensibilidad en un hombre.
Carolina Coronado (1821-1911).

Son los hombres, no las mujeres, quienes han promovido el culto a la masculinidad brutal; y porque los hombres admiran los músculos y la fuerza física, suponen que nosotras tenemos que hacerlo también.
*Elizabeth Gould Davis (1925-1974),
escritora estadounidense.*

Las mujeres son la causa de todas las acciones de los hombres. Hablo así porque hay mujeres escuchándome.

Alejandro Dolina.

Cuando se habla de la libertad de la mujer, el hombre dice sí con la palabra, sí con la cabeza y no con el corazón.
Nuria Espert (1936),
actriz y directora de escena española.

No hay en el mundo nada peor que una mujer, excepto otra mujer.
Eurípides de Salamina (484-406 a. de C.),
dramaturgo griego.

Las mujeres no son más que órganos genitales articulados y dotados de la facultad de gastar todo el dinero de los hombres.
William Faulkner (1897-1962),
escritor estadounidense.

Hay hombre tan maldito que dice que la mujer no es buena solo porque una no quiso ser mala.
Benito Feijoo (1676-1764),
escritor español.

La mujer es un animal vulgar, del que el hombre se ha creado un ideal demasiado bello.
Gustave Flaubert (1821-1881),
escritor francés.

Nos propusimos someter a la mujer al mismo trabajo de adaptación que a la naturaleza. Pero la mujer se defiende mejor.
Paul Geraldy (1885-1954),
escritor francés.

Al envejecer, el hombre construye su rostro y la mujer lo destruye.
Johann Wolfgang Goethe (1749-1832),
escritor alemán.

Los que matan a una mujer y después se suicidan debían variar el sistema: suicidarse antes y matarla después.
Ramón Gómez de la Serna (1888-1963),
escritor satírico español.

La mayoría de hombres que difaman a las mujeres están difamando a una sola.
Rémy de Gourmont (1858-1914),
novelista francés.

Prefiero ser misógino a machista; es mejor no soportar a una mujer que despreciarla.
Carlos Herrera (1947),
periodista y presentador de radio
y televisión español.

Rara vez se equivoca quien piensa de las mujeres lo peor que puede.
John Home (1722-1808),
poeta inglés.

Un sermón de mujer es como un perro caminando sobre las patas traseras. No lo hace bien, pero uno se sorprende absolutamente al ver hacerlo.
Samuel Johnson (1709-1784),
escritor inglés.

No es nada, es una mujer que se ahoga.
Jean de La Fontaine (1621-1695),
novelista y fabulista francés.

Una mujer que piensa es tan estúpida como un hombre que se da colorete.
Gotthold E. Lessing (1729-1781),
escritor alemán.

¿Qué cosa es, yo te ruego, la mujer, sino una despojadora de la juventud, muerte de los viejos, consumadora del patrimonio y bienes, destrucción de la honra, vianda del diablo, puerta de la muerte, hinchamiento del infierno?
Luis de Lucena

No hay manto ni sayo que peor siente a la mujer que el querer ser sabia.
Martín Lutero (1483-1546),
teólogo agustino alemán.

Soy mujer y aborrezco a todas las que pretenden ser inteligentes, igualándose a los hombres, pues lo creo impropio de nuestro sexo.
María Luisa de Parma (1751-1819),
reina de España, esposa de Carlos IV.

Los tres deberes fundamentales de la mujer son ser bonita, ir bien vestida y no contradecir.
William Somerset Maugham (1874-1965),
escritor inglés, nacido en Francia.

Ya que la mujer reivindica sus derechos, concedámosle solo uno: el de complacernos.
Guy de Maupassant (1850-1893),
escritor francés.

Un caballero es el que nunca golpea a una mujer sin mediar provocación.
Henry-Louis Mencken (1880-1956),
escritor y editor estadounidense.

Para vergüenza mía, nací en una cama con una mujer.
Wilson Mizner (1876-1933),
escritor y
aventurero estadounidense.

No me ofendo en absoluto porque sé que no soy una rubia tonta. Además, también sé que no soy una rubia.
Dolly Parton (1946),
actriz y cantante country estadounidense.

Solo el varón es susceptible de genialidad.
Ramón Pérez de Ayala (1881-1962),
escritor y diplomático español.

Los que hablan bien de las mujeres no las conocen suficientemente, y los que hablan mal de ellas las desconocen por completo.
Charles Pigault-Lebrum (1753-1835),
novelista francés.

Soy antifeminista porque tengo demasiada buena opinión de las mujeres.
Josep Pla (1897-1981),
escritor español en lengua catalana.

Qué plaga, qué aburrimiento, qué tedio es tener que tratarse con ellas mayor tiempo que los breves instantes en que son buenas para el placer.
Francisco de Quevedo (1580-1645),
escritor español.

Aristóteles podría haber evitado el error de pensar que las mujeres tienen más dientes que los hombres mediante el simple método de pedir a la señora Aristóteles que abriese la boca.
Bertrand Russell (1872-1970),
filósofo y matemático inglés.

Cabellos largos, ideas cortas.
Arthur Schopenhauer (1788-1860),
filósofo alemán.

Celebro no ser un hombre, pues entonces tendría que casarme con una mujer.
Madame de Stael [Germaine Necker] (1766-1817),
escritora francesa.

La sabiduría es, en el hombre, la madre de todas las virtudes; en la mujer, la madre de todas las cursilerías.
Alfonsina Storni (1892-1938),
poetisa argentina.

Como individuo, la mujer es un ser endeble y defectuoso.
Santo Tomás de Aquino (1225-1274),
filósofo y teólogo italiano.

Solo es posible imaginar algo peor que un hombre feminista: la mujer barbuda.
Vicente Verdú (1944),
escritor y ensayista español.

Una mujer amablemente estúpida es una bendición del cielo.
Voltaire [François Marie Arouet] (1694-1778),
filósofo francés.

Un hombre que moraliza es, casi siempre, un hipócrita; una mujer que moraliza es, invariablemente, fea.

Oscar Wilde (1854-1900),
escritor irlandés.

Hay que mejorar la condición femenina. Las cocinas son demasiado pequeñas, los fregaderos demasiado bajos y los mangos de las cacerolas están mal aislados.

George Wolinski.

¿Por qué creo Dios a la mujer? Porque había una parte del hombre que no encajaba en ningún lado.

Anónima.

¿Por qué la Estatua de la Libertad es mujer? Porque necesitaban una cabeza hueca para el mirador.

Anónima.

El antifeminismo no es un sentimiento del hombre contra todas las mujeres, sino contra una sola: la suya.

Anónima.

La mujer irá a la Luna el día que haya que limpiarla.

Anónima.

Un caballero es alguien que jamás maldice a su mujer mientras haya damas presentes.

Anónima.

EL TERCER SEXO

No entiendo por qué no hay más gente bisexual. Se tienen el doble de oportunidades de conseguir una cita el sábado por la noche.
Woody Allen (1935), cineasta, humorista y escritor estadounidense.

Todos los hombres son mortales. Sócrates era mortal. Por lo tanto, todos los hombres son Sócrates. Lo que significa que todos los hombres son homosexuales.
Woody Allen (1935).

Le agradezco a Dios que haya creado a los gays porque si no hubiera sido así, nosotras las mujeres gordas no tendríamos a nadie con quien bailar.
Roseanne Barr (Arnold) (1952), actriz estadounidense.

Existe la ilusión de que los homosexuales practican sexo y los heterosexuales se enamoran. Es completamente falso. Todo el mundo quiere ser amado.
Boy George [George Alan O'Dowd] (1962), músico pop inglés.

Me gustaría poder cambiar de sexo como se cambia de camisa.
*André Breton (1896-1966),
escritor francés, inspirador del surrealismo.*

Es una celebración de la libertad individual, no de homosexualidad. Ningún gobierno tiene el derecho de decir a sus ciudadanos cuando o de quién enamorarse. La única gente extraña es la que no se enamora de nadie.
*Rita Mae Brown (1944),
escritora estadounidense.*

Mi lesbianismo es un acto de caridad cristiana. Hay tantas mujeres rezando por un hombre que yo les cedo mi parte.
Rita Mae Brown (1944).

Si Miguel Ángel hubiera sido heterosexual, la Capilla Sixtina habría sido pintada en blanco y con un rodillo.
*Rita Mae Brown (1944),
novelista estadounidense.*

Si Dios hubiera querido que fuesemos homosexuales, hubiera creado a Adán y Esteban.
*Anita Bryant (1940),
cantante estadounidense.*

Todo aquel al que se le detectara SIDA debería ser tatuado en el hombro, para proteger a los usuarios

normales de jeringuillas, y en el trasero, para prevenir la victimización de otros homosexuales.
William F. Buckley (1925),
periodista y escritor estadounidense.

Como todo el mundo sabe, un maricón es un caballero homosexual que acaba de salir de la habitación.
Truman Capote (1925-1984),
escritor estadounidense.

Una mujer disfruta con la certeza de acariciar un cuerpo cuyos secretos conoce y cuyas preferencias son sugeridas por el suyo propio.
Sidoine-Gabrielle Colette (1873-1954),
escritora francesa.

Busca en otra mujer tu media naranja; en el hombre solo encontrarás tu medio limón.
Ana Cortés.

Bueno, ciertamente no voy por la vida con una mano atada a la espalda.
James Dean (1931-1955),
actor estadounidense.
[Al ser preguntado sobre su presunta homosexualidad.]

Preservan la santidad del matrimonio de forma que dos hombres gays que han estado juntos durante quince años no se pueden casar, ¡pero un tío aún puede emborracharse en Las Vegas y ca-

sarse con una prostituta en la capilla de Elvis! ¡La santidad del matrimonio está salvada!
Lea Delaria.

El sida no es exactamente el castigo de Dios por los homosexuales; sino el castigo de Dios por la sociedad que tolera a los homosexuales.
Jerry Falwell.

El macho que fornica a un macho es dos veces macho.
*Jean Gênet (1910-1986),
dramaturgo francés.*

Una diseñadora de tartas nupciales a la que llamé me dijo: «Nos especializamos en elaborar maravillas con flores por toda la tarta». Así que le dije: «Debería aclararle que esta es para dos hombres». Se produjo una breve pausa y ella dijo: «Puedo poner jugadorcitos de béisbol por toda la tarta».
Mark Harris.

Meter a un homosexual en prisión es como tratar de curar al obeso encarcelándolo en una tienda de caramelos.
Martin Hoffman

La bisexualidad no es tanto una forma de evasión como un terrible compromiso.
Jill Johnston (1929), feminista estadounidense.

No hay probablemente ningún heterosexual vivo que no esté preocupado por su latente homosexualidad.

Norman Mailer (1923),
escritor estadounidense.

Me alegro de no ser bisexual. No soportaría ser rechazado tanto por los hombres como por las mujeres.

Bernard Manni.

Hace tiempo conviví casi dos años con una mujer hasta descubrir que sus gustos eran exactamente como los míos: los dos estábamos locos por las chicas.

Groucho Marx (1895-1977),
actor, humorista y escritor estadounidense.

La Biblia contiene seis admoniciones para los homosexuales y sesenta y dos para los heterosexuales. Eso no significa que Dios no ame a los heterosexuales. Es solo que necesitan mayor supervisión.

Henry Miller (1891-1980), escritor estadounidense.

Es mejor ser negro que gay porque cuando eres negro no se lo tienes que decir a tu madre.

Charles Pierce.

El Papa va por todo el mundo condenando la homosexualidad, travestido.

Robin Tyler.

Si la homosexualidad es una enfermedad, declarémonos todos maricas en el trabajo: «Hola, no puedo trabajar hoy. Sigo siendo marica».
Robin Tyler.

Deseché un libro entero porque el personaje principal no estaba en mi onda. Era una lesbiana con dudas acerca de su masculinidad.
Peter de Vries (1910),
escritor estadounidense.

Es fatal ser hombre o mujer pura y simplemente: se debería ser una mujer masculinamente y un hombre femeninamente.
Virginia Woolf (1882-1941),
escritora inglesa.

A menudo me han preguntado si soy heterosexual, bisexual o gay. Y siempre he dicho que soy sexual... Un oportunista sexual.
Anónima

Índice de los Principales Autores

Abraham Lincoln 29, 142

Aldo Cammarota 48, 69

Alejandro Dumas 18, 19, 51, 62, 100

Ambrose Bierce 12

Anatole France 21, 62

André Maurois 31, 115

Ardanuy 10, 66

Arthur Schopenhauer 159

Bertrand Russell 146, 159

Bob Hope 24

Catherine Deneuve 17

Charles Baudelaire 153

Enrique Jardiel Poncela 25, 26, 27, 52, 73, 74, 75, 88, 101, 113, 126, 141

Francisco de Quevedo 34, 159

Franklin P. Jones 114

Friedrich Nietzsche 32, 127

Georg C. Lichtenberg 29

George Bernard Shaw 37, 64, 81, 90, 118, 129

Georges Sand 81, 129

Gilbert Keith Chesterton 109, 136

Graham Greene 73, 88

Groucho Marx 30, 76, 103, 115, 167

Heinrich Heine 23, 73

Henry Miller 31, 167

Henry-Louis Mencken 31, 93, 115, 116, 127, 158

Honoré de Balzac 10, 46, 60, 91, 108, 123, 133

Howard Gossage 172

Jacinto Benavente 11, 12, 47, 68, 98, 123, 153

James H. Boren 47

Jean de La Bruyère 53

Jean Rostand 55, 117

José Ortega y Gasset 104

Josh Billings 12

Karl Kraus 142

Marilyn Monroe 31, 77, 116, 143

Mark Twain 39

Marlene Dietrich 51, 71

Michel de Montaigne 32, 127

Napoleón Bonaparte 32, 63

Nicholas Chamfort 14

Noel Clarasó 15, 49, 50, 61, 70, 87, 91, 109, 110, 124

Oscar Wilde 40, 41, 42, 57, 58, 84, 85, 90, 119, 130, 160

Peter de Vries 168

Peter Ustinov 39

Ramón Gómez de la Serna 73, 112, 125, 155

Víctor Uve 57, 107, 118

Voltaire [François Marie Arouet] 40, 83, 160

William Faulkner 155

William Shakespeare 37, 118

William Somerset Maugham 54, 89, 157

Woody Allen 163